走向海洋丛书

人类海洋争霸史

本书编写组◎编

世界图书出版公司
广州·上海·西安·北京

图书在版编目（CIP）数据

人类海洋争霸史 /《人类海洋争霸史》编写组编
. —广州：广东世界图书出版公司，2010. 7（2021.5 重印）
ISBN 978 – 7 – 5100 – 2494 – 8

Ⅰ. ①人… Ⅱ. ①人… Ⅲ. ①海战 – 战争史 – 世界 – 普及读物 Ⅳ. ①E19 – 49

中国版本图书馆 CIP 数据核字（2010）第 147770 号

书　　名　人类海洋争霸史
　　　　　RENLEI HAIYANG ZHENGBA SHI
编　　者　《人类海洋争霸史》编写组
责任编辑　康琬娟
装帧设计　三棵树设计工作组
责任技编　刘上锦　余坤泽
出版发行　世界图书出版有限公司　世界图书出版广东有限公司
地　　址　广州市海珠区新港西路大江冲 25 号
邮　　编　510300
电　　话　020-84451969　84453623
网　　址　http://www.gdst.com.cn
邮　　箱　wpc_gdst@163.com
经　　销　新华书店
印　　刷　三河市人民印务有限公司
开　　本　787mm × 1092mm　1/16
印　　张　13
字　　数　160 千字
版　　次　2010 年 7 月第 1 版　2021 年 5 月第 7 次印刷
国际书号　ISBN　978-7-5100-2494-8
定　　价　38.80 元

序　言

地球的表面积为5.1亿平方千米，其中海洋的面积为3.67亿平方千米，占整个地球表面积的70.8%；而陆地面积为1.49亿平方千米，仅占整个地球表面积的29.2%。

人们常说海洋是生命的摇篮。生命起源于海洋，地球上最早的生命就是细菌、蓝藻、一些单细胞组织，逐渐从海洋向陆地发展，又从猿到人，因此海洋和人类的生存发展是密切相关的。

不过，在人类漫长的发展过程中，由于自身条件的限制，并不能认识海洋的奥秘，我们的祖先把降服桀骜不驯的大海的愿望寄托在神话传说上，比如“精卫填海”、“八仙过海”。古代的人，只能在海边采拾贝类、海藻，在岸边抓鱼，或乘坐独木舟、羊皮筏子在海边浅尝辄止。

随后人们架起风帆，开始在海洋上远航。海洋成为世界交通的重要通道，为不同地区人们的经济文化交流作出了重要贡献，与此同时，也少不了旌旗猎猎、刀光剑影的海洋争霸战。

随着科学技术的发展，人们对海洋的认识逐步深化，第二次世界大战以后，开发利用海洋的技术飞速发展，人们认识到海洋里有着比陆地丰富得多的各种资源，同时又有远比陆地广阔得多的活动场所。以陆地为主要活动场所的人类，为人口的日益拥挤与陆地资源的日趋枯竭而发愁，迫切需要寻找新的活动场所与新的资源源地，海洋正好适应了当代人类这一新的需求。正所谓，向海者兴，背海者衰。

在20世纪将要结束的最后几年，世界各国更加关注海洋。1992年联合国世界环境保护与发展大会通过的人类《二十一世纪议程》指出：

海洋环境是一个整体，是全球生命支持系统的一个基本组成部分，也是一种有助于实现可持续发展的宝贵财富。1994 年 11 月 16 日，《联合国海洋法公约》生效，标志着人类在更大范围内和平利用海洋和全面管理海洋的时代已经开始。

进入 21 世纪，人类重返海洋的时代已经到来。海洋作为地球上的一个特殊空间，无论是它的物质资源价值，还是政治经济价值，都远远超出人们原有的认识。人们对海洋的需求不再只是渔人之利、舟楫之便了。

在走向海洋的路上，让我们记住一位哲人曾经说过的话：海洋养育了我们，我们要感谢海洋。作为生命最初的摇篮中的后代，我们光滑的皮肤，我们血管里的血，我们体内循环的水，都是海洋的所有，我们只是海洋的一份子。

本套丛书向大家奉献的，正是人类几千年来重返海洋过程中的传奇与故事。

前　　言

如果从航天飞机上俯看地球，那么就会清楚地看到人类居住的地球是一个淡蓝色的水球，主要被海洋所覆盖和包围，而陆地只不过是浩瀚大洋中的一个个岛屿。其实，海洋的面积约占地球表面积的71%，因此，也有人把地球称做水球或者是海洋之球。

海洋是生命的摇篮。大约在45亿年前，地球就形成了。大约在38亿年前，当地球的陆地上还是一片荒芜时，在海洋中就开始孕育出了最原始的生命——细胞，经过大约1亿年的进化，海洋中原始细胞逐渐演变成为原始的单细胞藻类。大约在4亿年前，海洋中出现了鱼类。大约在2亿年前，爬行类、两栖类、鸟类出现了。大约在300万年前，地球上出现了具有高度智慧的人类。

海洋孕育了生命，也促进了人类文明的进步和发展。如果说大河文明是人类文明的源头，那么海洋文明则是大河文明顺流而下开拓出的更宽广和更先进的文明形态。向海而兴，背海而衰，这是很多国家和民族的历史都证明了的一个事实。

海洋物产丰富，面积巨大，是陆地的屏障和延伸。对人类来说，它不仅具有不可忽视的经济意义，而且还有极为重要的政治意义和军事意义。正因为如此，从古至今，人类对海洋的探索和争夺从未停止过，随着科技的不断发展和进步，人类对海洋的认识程度加深和开发利用需求的增大，这种争夺将呈愈来愈烈之势。

建立和争夺海洋霸权，几乎贯穿了整个人类的军事史。

从古老的波斯帝国到近现代的日本，从幅员辽阔的俄罗斯到弹丸之地的荷兰……关于海洋霸权的争夺，虽有曲折、跌宕，却从未真正停止过。

现在，就让我们拂去岁月的痕迹，一起来重温这段激动人心的历史吧。

目　录

contents

第一章

海洋的价值和意义

第一节　海洋的经济意义

人类最初认识海洋，就是从生活需求获取海洋中的渔、盐之利。随着社会生产力的发展，人类能够获取的海洋资源越来越多，开发利用海洋资源的经济活动也日益发展。这构成了海洋经济的主要内容。

海洋拥有地球上最丰富的资源。海洋资源的异常丰富和海洋资源的可再生性，为陆地资源远不可及。当代人类已经可以开发利用海洋的生物资源、海底矿产资源、海水化工资源、海洋能源以及海水资源，已经形成了海洋捕捞渔业、海水养殖业、海洋石油天然气开采业等多种海洋经济产业。

海洋生物资源包括海洋动、植物资源，海洋养殖生物资源和海洋微生物资源。据生物学家统计，海洋生物已达 20 多万种，其中动物 18 万种，植物 2.5 万种。在 18 万种动物中，有鱼类 2.5 万种，贝类 10 多万种，以及对虾、龙虾、蟹等甲壳类动物。在 2.5 万种植物中，绝大多数为藻类。其中可供食用的 70 多种，海带、紫菜、石花菜、鹧鸪莱等都有较高的经济价值。丰富的海洋生物资源，将为人类提供足够的蛋白质，同时，海洋生物也是重要的工业原料和药物原料。

海洋中蕴藏着极其丰富的矿物资源。海洋矿物资源的勘探及采掘技术的研究，是目前海洋研究中投入人力、物力和财力最大的一个方面。目前，人类发现的矿物有2200多种，包括矿物变种在内约3300种，已知有利用价值的约150种，其中大部分都能在海洋中找到，尤以海滨砂矿、海底油气、深海锰结核和海底热液矿床比重为最大。

海洋化学资源是海水中利用潜力最大的资源。海水是一种复杂的天然溶液，迄今已发现海水中含有90多种化学元素，有人做过计算，在1000吨海水中，有965吨淡水、23吨食盐、4吨芒硝、3吨氢氧化镁、0.5吨钾、6.5千克溴、170克锂和3克铀。海水能为人类提供十分丰富的化学资源。

另外，海水本身所产生的功能、势能和热能等都可利用和有待人类进一步加以开发利用。

由于海洋包围与分割了陆地，因此，国际间的经济交流离不开海洋的纽带作用，各大洲之间、隔海国家之间以至沿海国大陆与岛屿之间，都必须通过海洋来实施经济交流。海洋的经济纽带作用是整个社会经济活动的重要环节，是整个社会经济的组成部分。

目前，海上运输量占世界贸易总量的2/3以上。海洋运输在世界交流活动中发展迅速，已几乎包揽了所有的越洋客运任务。今天的海洋经济纽带作用，已呈现出海面、海洋上空、海水深层与海底的立体性，形成了海洋船舶运输、海洋航空运输、海洋电讯、海底铁路交通、海底公路交通等多种经济行业。正是海洋经济纽带作用的迅速发展，导致了当代世界经济的一体化趋向。从某种意义上说，海洋是世界经济的战略生命线。

海洋经济活动的蓬勃发展，推动着人类对海洋的开发利用，也引发了国际间的海洋矛盾与斗争。一个沿海国家如果没有海上武力来保卫海洋资源与空间的安全，国家的海洋经济权益必然会受到损害。世界历史表明，在人类海洋观念经历了由“靠海吃海与就近航海”到“海洋是世界交通的重要通道”这一历史飞跃以后，世界强国往往成了海洋经济大国和海洋军事大国的同义语。历史上资本主义国家的兴起，特别是世界强国的兴起，无不与其海外经济掠夺和海外殖民经济有关，也无不依赖于其强大的海上武力，他们的海洋经济活动范围的扩大与强度的加大，都直接依赖于海洋经济活动范围的加大。

第二节　海洋的政治意义

海洋是濒海国家国防的重要空间，是国防的屏障和门户，控制海洋可加大国防纵深，遏止来自海洋方向的侵略，有效地保卫国家安全。反之则可能使海洋成为外敌入侵的“跳板”，从而加大国家安全的隐患和国防的困难。

从地理角度来看，世界上绝大多数国家和地区都濒临海洋，沿海地区人口密集，城市集中，生产力水平较高。据估计，在距海 200 千米以内的陆地地区，大约集中了世界 1/2 以上的人口，全世界 200 多个百万人以上的大城市，3/4 都集中在这个狭长地区。而超过 400 万人口的特大城市，这里集中了 80%。

由于海洋具有的连通性以及海上力量具有的“超国界”行动能力，使得濒海国家几乎毫无例外地可能面临来自海上的安全威胁。随着现代生产力水平提高和科学技术在军事领域的广泛运用，武器装备水平有了空前提高，远射程、高精度导弹武器甚至可从海上距陆数百千米之外攻击陆上目标，这给濒海国家安全造成更大威胁。

围绕海洋所进行的国际政治斗争具有以经济为目的，以军事为手段，以法律为依据的鲜明特征。海洋作为世界政治经济地理结构中的一个重要环节，对世界政治经济发展具有极其重要的作用。综观世界发展史可以看出，由于世界大陆被海洋分隔，彼此间的联系主要以海洋作为通道，因而海洋在世界政治经济发展中的通道作用是显而易见的。远在中世纪，围绕海洋贸易通道进行的海洋争夺战，曾是列强争霸的长期主题。在现代，随着生产力发展，世界各国间物质生产活动越来越紧密，原材料和产品的运输越来越多地需要通过海洋运输来完成，海洋通道往往成为濒海国家的“生命线”。正因为如此，濒海国家对海洋问题正在予以越来越大的关注，局部地区的海上危机往往会引发国际冲突，其影响也远远超过地理局限。

《联合国海洋法公约》生效后，以领海、海洋专属经济区和大陆架为内容的“海洋国土”概念和新的海洋观念，正在被举世公认，维护国家海洋权益将成为国际政治斗争的重要内容。《联合国海洋法公约》的诞生，形成了世界性围圈海洋的态势，产生了相邻沿海国家间的海洋资源之争，海区划界之争，岛屿主权之争等新问题，争议以至争夺的趋势明显加剧，海洋政治斗争也将更加激烈，海洋上的战争威胁也在增大。海洋政治斗争有可能成为影响未来国际战略格局发展变化的重要因素。

海洋作为重要的地理空间，其地理位置、面积、形态、地缘战略作用、海洋安全环境等，理所当然地成为濒海国家制定国家战略的重要依据。许多国家都提出了自己的海洋战略，将其作为国家战略的重要内容和规划海上力量建设、发展、运用的重要依据。与此相适应，不少国家的海军战略也已跳出军种战略的局限性，拓展了海军战略使命、运用范围、运用方式等内容，以更好地为国家战略服务。

国家在海洋上的政治目标，是通过控制海洋获得本国的政治利益，为达到国家总体的政治目标服务的。国家的海洋政治目标具有可变性，它的发展变化直接影响海洋军事活动。一般而言，国家海洋政治目标的扩大或减小会直接影响海洋军事活动的增强或削弱。从普遍意义上讲，全世界沿海国在海洋上的政治目标发展变化已呈现出从局部海域走向全球海洋，从以海制陆到争夺海洋权益本身的发展轨迹。同样，受海洋政治目标发展变化的影响，海洋军事活动空间扩大，强度增大，方式多样化。重视海军建设发展和运用已成为濒海国家普遍的共识。

第三节　海洋的军事意义

海洋的经济意义如此巨大，所以从古至今，海洋都是各国必争的军事要地，它的军事意义不亚于陆地领土。

在古代，沿海的国家经常是把海洋作为抵御外敌的屏障，而海上的岛屿，是逃避战乱的理想之地；近代，航海技术在不断提高，海上争霸也随之增多。各大临海的强国开始各自谋划疆土扩张，积极地向外建立海上的殖民统治，所以，海洋成为了国家之间互相争斗的主要场所，谁占领了海洋，谁就取得了主动。近几个世纪，海洋不断上演着侵略与反侵略、掠夺与反掠夺的各种戏码，纷争不断。尤其是现在，发展海洋经济成为许多濒海国家的首选，濒海国家因此要特别保护自己的海洋领地。而在中立性的广大海洋区域开发中更表现为技术、力量的竞争。扩大海洋开发，就意味着各国利益的不平衡和矛盾冲突的扩大。从军事角度来看，海洋也就充满着矛盾、斗争和潜在的军事冲突。由于海洋军事斗争的结果直接关系国家的安全和海洋利益，海洋的军事意义更以其广泛而深刻的影响力为世界所瞩目。

首先，海洋的军事意义体现在它拥有比陆地更有优势的军事条件。第一次世界大战时，海战场对陆战场的影响仅限于舰炮火力对岸射击的范围内；而在第二次世界大战时，则扩大到舰载航空兵的活动范围；自 20 世纪 60 年代以来，各海军大国相继发展了弹道导弹潜艇，其携载的潜射导弹射程不断增大，现今美国、俄罗斯现役的潜射弹道导弹射程可达 4000 ~ 5000 海里，使海上打击范围扩大到对方的全部国土，甚至可达全球范围。伴随着新的海洋国土经营与开发，从国防的需要出发，为了足以防御海洋国土，在海洋方向上的军事活动已经不能再局限于海岸带和领海以内，必须扩展到专属经济区和大陆架海域；也不能只局限于戍守某些海上交通线与点状目标，而必须戍守更为广阔的整个海域的天空、水面以至海水深层直达地底，戍守区域将由海洋上的点、线扩展到海洋区域的全面和整体。

另外，海洋上的兵力活动远远大于陆地上的兵力活动。陆上邻国之间领土与领空紧密相连，越出本国的领土与领空，就意味着进入他国的领土与领空。所以在和平时期任何一个国家的陆军和空军不能超越本国的国界，除非是在得到所在国家政府同意的驻军、联合演习以及友好访问等特殊情况下才能例外。海洋上的情况却不同于陆地，海洋上有大片公海间隔着海洋国土。在公海上各国海军可以进行不违反和平目的的自由活动，《联合国海洋法公约》的第95条中也明确规定："军舰在公海上有不受船旗国以外任何其他国军用管辖的完全豁免权"。因而各国海军可以在和平时期越出本国国界而自由活动于公海之上，并不进入他国国界，不能视为对他国主权、领土的侵犯，海军也就成了三军中在和平时期惟一能够越出本国国界活动的军种。

正因为如此，沿海国家可凭此将海军兵力驻屯或演练于国界之外，能够将武备在国界外试验，还可以进行远离国界的战场准备。考虑到海军攻防纵深大、机动性好等特点，海军在国界外活动，既可以加大海防纵深，又可以提高海军的战略威慑作用，这对于海洋军事力量运用带来了极大的方便和十分有利的态势。

海洋是导弹核武器的重要发射场地，相比路基导弹发射，其具有更强的生存力和隐蔽性。海战场，不像陆战场那样具有明确的国界，大洋是公有的，在汪洋大海中部署数十艘潜艇，极其分散，对方很难搜寻；加之潜艇的机动性大，可以利用海洋水层的天然掩护体和海洋复杂的气象条件，海底起伏的山脉、谷地等，不断地机动变换位置，既增加了搜索的困难，又增多了对对方多方向的威胁。因此，世界海洋大国，特别是超级大国，都将海洋作为核力量的庇护所，重视发展潜射弹道导弹，以便在较远的距离上威慑或摧毁对方具有重要战略意义的政治、经济、军事目标。

海洋战场的影响范围远远大于陆地战场。历史上，海战即是沿海国家间的主要作战样式。一场海战的胜负，往往决定国家的安危。因此，沿海国家便要控制自己的海洋领域，不受外国或外族侵扰，不断加强海洋军事力量的建设并且把运用海洋军事力量作为关系国家兴衰存亡的战略大事。海洋争霸的优劣与否往往就取决于海洋军事力量的大小。随着高技术兵器在海洋上的运用，海洋对陆地的制约作用将更为明显。海洋军事力量的战略运用必然趋向更突出的地位。从人类社会的发展趋势来看，人类社会向海洋进军，是人类生存、发展的需要，更是社会发展的客观必然。人类海洋观念的不断更新，也使得海洋上演的各种争斗会不断升级。

第二章

大航海前的海洋争霸

第一节　萨拉米海战

公元前5世纪的时候，波斯已经发展成为一个横跨亚非欧三大洲的强盛国家。其版图东起印度，西抵亚得里亚海、地中海和北非，北到广袤的俄罗斯草原，南达阿拉伯半岛。这个超级帝国囊括了埃及、吕底亚、小亚细亚和两河流域的巴比伦、古叙利亚和巴勒斯坦，以及一些希腊城邦等。

公元前500年，已被波斯统治长达半个世纪之久的小亚细亚希腊城市米利都等，在罢黜了波斯人省长后宣布独立，并获得了由雅典人所组成的一支20艘船只的舰队的支援。

此事激怒了波斯帝国，公元前491年，大流士一世派遣一支由600艘船组成的波斯舰队共20万人去征服希腊。尽管波斯军队不可阻遏，但是希腊各城邦军队勇敢奋战，终于以少胜多赢得了马拉松之战。这一仗波斯人阵亡6400人、损失7艘战舰，而雅典军队只损失192人。

公元前486年，波斯王大流士一世病故，这是一个震惊世界的消息。听到消息，薛西斯便带领大军从千里之外赶回了帝国首都波斯波利斯，继承了王位。

根据波斯的传统，新的国王即位应由神示来证明，并且需要有一位大德大圣者为其加冕，但薛西斯不需要这些。他的士兵就是“神示”，并且也没人有资格给他加冕。于是薛西斯自己将王冠戴在了头上，成为了世界上最强大帝国的国王。

薛西斯不仅继承了大流士的王者之威，也继承了父亲的雄心壮志。他是一个脾气暴躁，好大喜功的国王。登基伊始便命令他的建筑师们修建起宏伟的宫殿群。波斯波利斯由此成为古代世界最壮丽的城市之一（波斯波利斯位于伊朗南部法尔斯省境内，设拉子东北两公里）。

薛西斯一直期望能像他的父亲那样强悍、英武。他决意要雅典人为他们的侥幸胜利付出代价。

登上王位不到一年，薛西斯就开始为入侵希腊做准备。四年之后，他从整个帝国征募了成千上万的战士，组建起世界上最庞大的军队。这支军队来自臣服波斯的46个国家，100多个民族。有穿着五光十色的长褂和鳞状护身甲、携带短剑长矛的波斯人、米底亚人；有头戴铜盔、手持亚麻盾牌和木棍的亚述人；有用弓箭和斧头作主要武器的帕提亚人和花剌子模人；有穿长袍的印度人；有穿紧腰斗篷，右肩挂着长弓的阿拉伯人；有穿豹皮或狮子皮、用红白颜色文身的埃塞俄比亚人，他们的武器是棕榈树制的弓、燧石做的箭头和镶羚羊狐狸皮；身穿鲜艳的红斗篷，手拿标枪和盾的色雷斯人；还有帽盔上装饰牛耳、手执皮盾和短矛的高加索各族士兵。波斯军队的人员这样庞杂，武器装备又是这样五花八门，使得这支大军很像一个各族军队和军备武装的大展览。

公元前480年，薛西斯亲率这支号称有500万人的大军（实则为30万~50万人）开始了对希腊的又一次远征。军队从波斯波利斯出发，到达苏萨，取近路向萨迪斯挺进。为了使庞大的舰队顺利入海，波斯曾用3年时间，开掘了一条长 1.5 英里（1 英里≈1.61 千米）的运河蜿蜒穿过圣山州直入大海。

古希腊历史学家希罗多德在其所著的《历史》一书中曾这样描述：如果薛西斯的军队至河里饮水，可于一瞬间使河水干枯。由于帝国并没有足够的船只来运载如此庞大的军队，薛西斯只得让波斯大军沿着海岸，绕过爱琴海从北方向希腊挺进。拥有 1200 艘大型战舰的波斯舰队则载着大军的给养，在不远的海边紧随其后。

当薛西斯的军队来到赫勒斯邦海峡（即达达尼尔海峡）的时候，埃及和腓尼基的工程技术人员已经按照薛西斯的指示，建造了一座由 674 艘 3 层桨座战船组成、分两排横越海峡的浮桥。但猛烈的夏季风暴不期而至，他们精心修建的浮桥最终被吹得七零八落。

薛西斯接到这个报告，大为恼怒，下令将大海狠抽三百鞭以示惩罚。他对着大海高声宣称：“薛西斯国王将渡过你，不管你愿意还是不愿意。”

当大海恢复平静时，浮桥已经被修复。薛西斯带领他的军队向欧洲进发。他横刀立马，向着他的大军高声说：“我的波斯英雄们，你们是一支所向披靡的英勇之师。我希望你们这次更加勇猛善战，只要征服了希腊人，整个世界都会匍匐在我们脚下。”

庞大的波斯军队用了两天两夜才全部渡过达达尼尔海峡。当时的场面之壮观，令人以为欧洲的历史就要由波斯人来改写了。希腊人对此惊恐地叫道：“宙斯啊，为什么你变为一个波斯人的样子，并把名字改成薛西斯，率领着全人类来灭亡希腊呢？”

庞大的波斯军队由亚洲进入欧洲。他们马不停蹄地向希腊进发，而波斯舰队一直航行在附近的海域上。

很快，波斯陆军就攻占了希腊北部，出于恐惧，许多希腊城邦不战而降，波斯军队得以开始一步步向希腊中部推进。

面对敌人规模空前的入侵，此时，一向喜欢内部争斗的希腊各城邦被迫团结起来，雅典和斯巴达召集其他31个希腊城邦聚集在科林斯，决定消弭内战、共御侵略，由此建立了提洛同盟，同盟军总统帅由斯巴达国王列奥尼达担任。

在雅典，一支由200艘新式战舰组成的舰队也初具规模。新式战舰全部是由橡树做成的三层船。这种战舰行动迅速，易于调遣。每只战舰都超过100英尺（1英尺＝30.48厘米），外观呈流线型，可以容纳3层共计170名桨手。相对而言，波斯舰队的老式挂帆战船，体积大、速度慢、机动性也差。因此，三层船将是雅典军队在海上的秘密武器。

当最后一批三层船下水试航时，波斯大军已经进入希腊。随后，波斯人一路横扫，所向披靡。

科林斯会议后，希腊城邦将战备资金和物资聚集在提洛岛，交由雅典掌管。而斯巴达国王里奥尼达则率领希腊陆地联军赶赴温泉关，希望能把波斯陆军阻挡在温泉关城下。另一个斯巴达人欧里比阿德斯则统帅希腊联合海军舰队，也赶赴温泉关附近的阿提米西安海域，并且与波斯舰队进行了首场交战，希腊小胜。但希腊联军此时仅有轻装步兵7万、重装步兵4万，战船近400艘，与庞大的波斯军队相比相差甚远。

听到入侵的消息后，雅典人派遣一位使者到德尔菲的神殿去询问有关波斯敌人的预言。在作出任何重大的决定之前，希腊人都会请教德尔菲的女祭司。

雅典的使者登上位于帕那塞斯山脚下的神庙，倾听神传达给女祭司的神谕。女祭司的双眼缓缓睁开，但她的眼神却空洞异常，仿佛失去了所有希望。突然，她以极其悲哀的语气叫喊起来："可怜的人啊，你为什么还坐在那里？赶快逃呀，逃到宇宙的尽头！离开你的家园，离开圣地！只有木墙不会被洗劫。"

神谕传遍整个雅典，雅典人更加恐慌，准备弃城投降。此时，希腊同盟军的海军统帅地米斯托克利站了出来，他严厉地斥责了那些胆小的人们，并说神谕已经告诉雅典人，他们的救星就是战舰，那些战舰就是不会被洗劫的木墙。

雅典军民又重新获得了信心。

但是面对强大的敌人，仅有信心是不够的。波斯人步步紧逼，里奥尼达率领的希腊陆军7000人在温泉关仅仅抵抗了三天，一个告密者带领波斯人袭击了温泉关，温泉关失守。里奥尼达等最后三百名斯巴达士兵全部战死。

薛西斯继续带领军队浩浩荡荡向雅典进发。同时，希腊北部越来越多的城市一个个臣服在波斯人的脚下。

危机很快逼近。波斯人派使者到雅典人那里要求土与水——这是投降的象征。薛西斯给了雅典人最后一次机会，让他们主动投降。雅典陷入了流言与恐慌之中，人们惶惶不安。但在地米斯托克利等主战派人士的坚持下，雅典人作出了拒绝投降的决定。

地米斯托克利审时度势，建议所有的妇女儿童都坐船到亚哥斯的特洛辛和本国的萨拉米岛上去躲避，所有的男人都乘着战船，集中到萨拉米海湾准备战斗。雅典和其他城邦的人都接受了他的建议。妇女和孩子逃到了附近的萨拉米岛。雅典城只剩下老弱病残。

薛西斯没有等来雅典人的投降。恼怒不已的他率波斯大军长驱直入希腊直扑雅典城。然而此时雅典已基本放弃了坚守，波斯人轻而易举地侵入城市。雅典城遭到前所未有的洗劫。波斯人拿走了最神圣的雕像，屠杀了留在城中的市民，并放火烧毁了希腊这座当时最大、最富庶的城市。

就在波斯陆军直扑雅典并将之占领之际，拥有1200艘战舰的波斯海军也绕过优卑亚岛，掠过阿提卡，来到雅典的外港比里犹斯。薛西斯亲自率领他的船队，向萨拉米海湾驶去。

当波斯舰队靠近时，那一眼望不到头的庞大舰队，令许多希腊人胆寒了。希腊指挥官内部发生了争执。大多数指挥官想将舰队转移出萨拉米，避免与波斯人正面交锋。

然而，地米斯托克利决意迎战。他尽力劝说其他指挥官，慷慨陈词："如果在一片狭窄的海域，用我们的少数战舰对抗他们的多数战舰，我们就会赢得胜利；因为在狭窄的海域作战对我们有利，而在开阔的海面作战对他们有利。战争的整个命运就依赖我们的战舰和战争的地点了。"

军事会议开了两次，地米斯托克利还是没能消除一部分指挥官心中的恐惧。

无奈之下，地米斯托克利决心破釜沉舟。他叫来一个自己最信任的奴隶，交给他一封密信，让他去向波斯王告密，说希腊海军人心浮动，不敢交战，都想逃出海湾。薛西斯见到密信，十分高兴，立即下令让他的船长彻夜封锁所有的逃亡路线，不准放过一条船。这样一来，所有希腊人只得放弃撤退的念头，背水一战。希腊盟军也由此变得空前团结，同仇敌忾。

战争如期而至，薛西斯以为胜券在握，他爬上山冈，找了一个适宜观战的地形，准备坐等波斯人大破希腊舰队。在他身边，手拿纸笔的史官，也正准备如实记录下波斯海军的辉煌胜利。

当波斯舰队在狭窄的海湾入口闯过科林斯舰队后，突然发现他们实际上是一艘接一艘地进入了一个口袋。海面上井然有序地部署着密集的希腊舰队。在每艘三层船上，170 位训练有素的桨手像强劲的发动机一样，协调一致地划桨。一艘希腊战舰撞击了一艘波斯战舰，船尾与甲板被撞碎，船员被抛到海里。战斗的序幕由此拉开。

萨拉米海峡入口处有一个岛屿阻挡，水道狭窄，波斯战舰一次只能通过 10 余艘。这样波斯海军被迫采用兵家大忌的添油战术，即需要逐次投入兵力。而这时正值海潮上涨，海峡内暗流涌动，波斯战舰体大笨重，很难控制方向。

战争一开始，进入海峡的波斯战舰只有 100 多艘，而希腊联军有 370 艘战舰，形成以多击寡的局面。他们就如同一群箭鱼一样，首先向波斯战舰进行斜线攻击，用战舰前面 5 米长的包铜横杆将波斯战舰一侧的长桨打断，然后灵活的希腊战舰迅速调转过来再用包裹了黄铜的舰首猛烈撞击波斯战舰一侧船舷。快速的希腊战舰就是为这种战术而设计的，并且运用的十分娴熟。而当波斯战舰被打断一侧长桨后就几乎失去了动力，成了停泊在海上的靶子。当希腊战舰调转船头迅速冲撞过来后，波斯战舰庞大而又沉重的身躯本来就难以迅速调转方向，加之在失去长桨后就更加被动，这导致希腊战舰能够迅速地一艘艘吃掉波斯战舰。

庞大的波斯战舰一艘接一艘地被撞翻。海面上充满了波斯人的哀嚎。

这场战斗进行了 8 个小时，希腊人战果辉煌。到战斗结束时，波斯舰队有 1/3、超过 200 艘的战舰被击沉，还有 50 多艘战舰被俘。而希腊人只损失了 40 艘战舰。这一场海战彻底将波斯舰队的海上优势送进了爱琴海。

萨拉米海战

面对失败的现实，薛西斯不得不开始考虑整个远征军的前途。他命令残存的战舰迅速撤到达达尼尔海峡。几天后，薛西斯除留下一部分兵力在中希腊继续作战外，自己则率领其余部队退回到小亚细亚。

萨拉米海战是希波战争的一部分，也是希波战争最后、也是最重要的一场大战。萨拉米海战的胜利，是希腊与西方文明的重要转折点。在萨拉米海战中获得胜利的雅典人重新找到了自信。希腊从此迈入了历史上的鼎盛时期，雅典帝国、帕特农神庙与“黄金时代”从此而来！

第二节　阿克提姆海战

海洋争霸史上很有代表意义的一次海战就是阿克提姆海战，其发生在公元前31年9月2日，古罗马的屋大维和安东尼为争夺国家最高权力进行了海上决战。

尤里乌斯·凯撒在世时的罗马共和国已经非常强大，公元前44年3月15日著名的凯撒遇刺事件发生了，失去了凯撒大帝的罗马国陷入了战争的阴影中。马克·安东尼（公元前83年～公元前30年）是罗马贵族和著名将领，恺撒大帝的朋友。由于他声望高，便成了恺撒之后权力最大的执政官。而屋大维原是恺撒的甥孙，其天赋聪明，在恺撒遗嘱中被指定为继承人时只有19岁。屋大维将自己的名字改为了恺撒，昭示了其对权利的野心。他利用恺撒的声望和遗产招集军队，广买人心，后来居上。在自负的安东尼面前，他唯有忍气吞声。屋大维深知自己羽翼未丰，制定了长期战略：先联合安东尼消灭庞培派势力，继而打击安东尼本人。

在阿克提姆海战之前，也就是公元前43年，罗马内战又一次爆发。安东尼率兵进入山南高卢，攻击庞培旧部；同时又和屋大维发生了火并。在莫提拉会战后，他兵败逃过阿尔卑斯山。然而，屋大维并没有追击他，转而调兵进军罗马城，威胁元老院选他为执政官。他接着与东山再起的安东尼讲和，确立了“后三头”寡头政权。屋大维将共和派贵族财产充军，大规模纪念恺撒大帝，目的是换取将领们的忠诚。然后，屋大维和安东尼的联军渡海在安菲波里登陆，进逼滕利比城。他们和水陆西进的布鲁图、卡西约军队相遇，爆发了历史上重要的胖利比会战。

公元前42年，“后三头”除掉了刺杀凯撒的共和派势力之后，内部争夺加剧。当三头分治协议5年期满时，屋大维和安东尼的战略合作关系开始决裂。

早在第二次腓利比会战之后，安东尼返回西西里岛时，安东尼即对遇到的埃及女王克里奥帕特拉七世一见钟情，公元前37年，安东尼与埃及女王克里奥帕特拉七世结婚。并公然声称将罗马东方行省部分地区赠予她和她的子嗣。公元前36年，屋大维剥夺李必达的军权，坐镇意大利而与东方的安东尼对峙，并向埃及女王宣战。

屋大维

在希腊西海岸，夏季的风上午总是从海上吹向大陆，到中午就转为西北风，风力相同。安东尼根据这个规律制定了作战计划。他把实力最强的舰队集中在右翼，利用转向的风力迂回到敌人的左翼抢占上风，利用上风和舰船的优势与屋大维的舰队进行决战。他认为屋大维的舰船较小，而且又是逆风作战，这样就可以迅速击败屋大维。一旦屋大维的舰队被击败，他的陆军就会因缺少运输船只和粮食而不战自乱。这样安排，安东尼认为万一失利也可顺风逃跑。为此，他命令各舰携带风帆（当时作战都是划桨进退，一般不带帆），甚至连战争费用也一同装在船上。

然而，这个美好的作战计划，由于一个逃兵的出现而全部落空了。正当安东尼高兴地打着如意算盘时，屋大维则在听了这个逃兵的报告后，决定将计就计。他把舰队在海面上分左中右三部成一线展开，各由阿格里帕、阿伦提和自己指挥。他们面对普雷佛扎海峡，等待着安东尼的舰队驶出港湾。

公元前31年9月2日正午，海上刮起了常见的和风，大战也随风而至。安东尼的右翼和阿格里帕的左翼同时向对方侧翼迂回。不一会开始交战，安东尼的士兵不断用机械或手投掷巨石、弩箭和带倒刺的铁标枪。阿格里帕率领左翼战船，充分发挥船体轻、机动性好的优点，避开安东尼舰队的远程矢石攻击，猛烈撞击敌舰，将其击沉。一次不成，立即退回，重新组织再次撞击。驾驶人员和摇桨人员冒着极大的风险和疲劳，奋力划桨，时而进攻时而后退，时而分散时而集中；双方舰船互相撞击，有的撞击船头、腹部，有的破坏尾舵、桨板。海面上，大船小船混杂在一起，喊声、号角声和船板破裂声交织在一起，战斗十分激烈。

最成功的还是屋大维舰队的“钳子”。士兵们随心所欲地选择较弱的敌手，然后用弩炮把“钳子”投射出去，铁钩死死拖住敌舰，敌人砍不断跳板，够不到绳索，船上的步兵则趁机踏着跳板跳到对方甲板上，用长矛、短剑杀死敌人，海战顿时变成了陆战。船上、海上血肉横飞，到处是漂泊的船板和断残的肢体，鲜血染红了海面。

就在安东尼指挥右翼仍在苦战之际，他的中央和左翼舰队感到胜利无望，竟然掉头向港内逃跑。埃及女王急忙指挥她的预备队阻挡，可是哪里知道她的预备队不但没有截住逃跑的战船，反而转舵回身，举起他们的船桨，直接向屋大维投降了。安东尼眼睁睁看着逃跑的战船一筹莫展，他最害怕的事终于发生了。安东尼知道败局已经无可挽回，除了撤退没有其他办法可想。于是，他挂起了事先约定好的信号旗，通知克里奥佩特拉，准备逃跑。

埃及舰队接到信号后，纷纷挂起船帆，不顾一切地穿过众战船，向广阔的海面逃去。仍在激战之中的安东尼的其他战船，看到信号后也放弃了战斗，扯起风帆，把投射器等重机械丢入海中，以减轻负载，迅速撤离。一些没有带风帆的战船，包括安东尼的旗舰在内，因为无法逃走，便重新组织力量，准备血战到底。

这时，屋大维的士兵情绪更加高涨。他们没带风帆无法追击逃跑的敌舰，就死死缠住无法逃走的敌舰。他们把所有的力量都集中在残余敌舰的攻击上，有的集中几艘战船，从四面八方同时撞击一艘敌舰，有的猛力撞击敌舰下层，折断它们的长桨，有的通过接舷跳板冲上敌舰与敌人展开肉搏。安东尼舰船上的士兵竭力用船钩推开敌舰，用斧头砍杀冲上来的敌人，用沉重的矢石击退靠近的敌船，砸死那些想爬上船来的敌军。由于安东尼舰队上的士兵拼命抵抗，使屋大维的战船遭到很大损失。于是屋大维命令舰队撤离敌舰，改用火攻。

阿克提姆海战

不一会，千万支火箭、扎着火把的标枪和发射器射出的涂有柏油的木炭块，从不同方向飞向安东尼的战船。霎时，安东尼的一些战船燃起熊熊大火，炽烈的火焰映红了海面。安东尼的旗舰也被敌舰的“钳子”死死钩住了，他急忙爬上另一艘战船，带着残存的40艘战船逃走了。这时，夜幕已经降临，屋大维舰队因为没带风帆，而且也看不清整个战场，所以就没有追赶。

第二天，没能逃走的安东尼的一些战船全部投降。安东尼的陆军看到海军大败，也都纷纷投奔了屋大维。

此次战役最终以屋大维的胜利而告终，阿克提姆海战灭亡了曾经无比发达的埃及王朝，从此埃及不再是一个独立的国家，这种局面一直延续到近代。而由于屋大维的胜利，使他顺理成章地成为了罗马的救星，以后更建立了罗马大帝国。罗马帝国北起多瑙河，南到非洲（包括埃及在内的北非一带），西起比利牛斯半岛，东到两河流域和小亚细亚半岛，形成了古代史上一个最庞大的帝国，地中海都成了罗马帝国的内湖。

阿克提姆海战，实际上是以屋大维为首的西方文明与以安东尼为首的东方帝国的较量。屋大维的取胜，奠定了埃及只是罗马的一个行省的地位，而罗马，才是帝国的中心。如果在阿克提姆海战中安东尼取胜，可以肯定地说，罗马和埃及的地位就要交换一下，安东尼肯定要把首都建立在亚历山大城，而罗马，将只是安东尼帝国的一个行省。那么历史上辉煌的罗马文明，也就到此为止，不会有以后的繁荣了，所以说，海上的交锋是控制隔海相望的两国战争的最好契机，一次成败往往能决定战争整体的走势，而战争的成败又决定了一个国家所处的地位。

第三章

葡萄牙和西班牙的海上霸业

第一节　“航海家”亨利和葡萄牙的崛起

葡萄牙，拉丁文意为“温暖的港湾”，位于西欧的伊比利亚半岛西南部，北部为高原、中部为山地，南部为丘陵，西部为沿海平原，气候冬季温暖湿润，夏季相对干燥，适合农作物生长，盛产玉米、小麦。东部与北部与西班牙接壤，西面和南面面临大西洋。

葡萄牙本为西班牙的一部分。1093 年，西班牙尚处于卡斯提王国统治之下，是阿拉伯人的殖民地。卡斯提王国公主特里萨下嫁波尔多凯尔伯爵，葡萄牙第一次从西班牙分裂出来，作为特里萨的陪嫁，成为卡斯提王国的伯国。

特里萨生子名为阿方索·亨利克斯。阿方索三岁登基，其母摄政。1128 年，16 岁的阿方索正式主政，放逐其母特里萨，并在罗马天主教势力的帮助下，击败了卡斯提的军队，开始了葡萄牙的独立。

1143 年，阿方索与卡斯提王国签定萨莫拉条约，宣布正式独立。并于公元 1147 年收复里斯本，从此建都于此。公元 1279 年，国王迪尼斯一世继位。迪尼斯一世在全国范围内排斥西班牙语，推广葡萄牙语，并在公元 1290 年创立了葡萄牙的第一所大学。公元 1297 年，葡萄牙与西班牙签订《奥卡尼塞许条约》，明确了国界。自此，葡萄牙成为十四世纪欧洲第一个独立国家。

亨利王子

葡萄牙的崛起，开始于15世纪的亨利王子时代。流行于14世纪的鼠疫夺去了欧洲2400万人的生命，葡萄牙人以其强壮的体魄和强大的免疫力避免了这次浩劫。免受鼠疫灾害的葡萄牙人口急剧膨胀，国内种种矛盾高度激化。同时，由于从东北部西班牙城市运入葡萄牙的商路被限制，输入葡萄牙人生活必需品如香料、糖、金银数量的急速减少，价格暴涨，生活水平下降。更为严峻的是，由于欧洲金矿的稀缺，葡萄牙铸造货币的黄金几乎完全依靠进口。而黄金供应的不足，使得市场上货币成色下降，信用降低，将葡萄牙的经济逼入绝境，葡萄牙进入了伊比利亚经济危机时期，面临着社会动荡的严重问题。

葡萄牙国土是一块狭长的沿海土地，几乎没有什么内陆地区，加以人口密集，内部资源稀缺，依靠内部机制解决社会矛盾毫无可能，只有寻求外向的扩张，转嫁经济危机。

陆地上，强大的宿敌西班牙堵住了葡萄牙所有向外扩张的路径，因此，谋图海上的发展成为葡萄牙求取生存的唯一手段。

虽然意大利人拥有当时欧洲最发达的航海技术，然而，为求取民族的生存，葡萄牙人在欧洲捷足先登，最早开始了向东方的扩张。

葡萄牙此时正处于“航海家亨利”统治时代。亨利是葡萄牙历史上最为雄才大略，富有战略眼光的领袖，生于1394年，其父是葡萄牙国王若奥一世，母亲是莎士比亚在《理查二世》中写到的冈特的约翰的女儿菲利芭。

1415年，葡萄牙国王若奥一世携王子亨利一起，出动战船200艘、海军1700人、陆军19000名，突如其来地占领直布罗陀海峡南岸的休达城，控制了地中海与大西洋的交通咽喉，全面由海路向未知的世界进军。休达城战役标志着葡萄牙向世界扩张的开始，也正是这一战，令亨利王子一战成名。

从休达回国后，亨利就着手准备对非洲西北部的探险，他亲自参与了海船的改进，从意大利网罗了大批航海人才，并且在里斯本创建了航海学校，教授航海、天文、地理等知识。亨利王子把骑士团一年的收入拿出来，装备了几支远航探险队，对西北非洲各地进行了广泛的航海探险。

在亨利的关注下，葡萄牙的航海事业不断发展。1420年，葡萄牙人拓居物产丰富的马德拉群岛。1432年，到达大西洋上的亚速尔群岛。1441年，葡萄牙人到达了非洲，并在返航时从非洲运回葡萄牙10个黑奴，这是欧洲历史上的第一次奴隶贸易，从此开始了非洲黑人苦难的奴隶贸易时代。1445年，亨利王子的船长们通过了沙漠海岸，进入物产富饶的西非海岸，随后拓居西非佛得角（绿角）等地，1456年又到达佛得角群岛。直到1460年亨利逝世时，葡萄牙人已经勘探到西非的塞拉利昂，并且在西非沿岸建立了大批贸易商站。

海上贸易的发展，迫切需要强大的海军维护其海上霸权。葡萄牙人的海上武装力量也伴随着海上贸易的繁荣不断膨胀：在岛屿方面，葡萄牙人分别于1419年、1432年、1455年占领大西洋上的马德拉群岛、亚速尔群岛和佛得角群岛，完成了东大西洋扩张的海上据点构筑。在沿岸方面，葡萄牙人分别于1471年、1438年、1488年到达了几内亚、刚果、南非等国，完成了非洲西部沿海地区的航行，并沿河侵入到非洲的内陆地区。

强大的海权带来的是滚滚的财富，东方的象牙、香料和黄金如潮水般涌入葡萄牙。葡萄牙人在非洲用小工业品如玻璃镜等来换取奴隶、黄金，在西非沿海地区建立了黄金海岸、象牙海岸、花椒海岸、奴隶海岸等，掠夺了大量的财富，几十年间，传统的农业国葡萄牙一跃西欧最富有的国家。

海权带来的不仅仅是无穷的财富，还有民族的霸权。1494年6月7日，葡萄牙与西班牙签定“托德西利亚斯条约”，确定通过佛得角群岛以西2200海里处的“教皇子午线”为界，界东属葡萄牙，界西则属西班牙。这个昔日的欧洲弱国，在人类历史上第一次与老东家西班牙人一道，如切西瓜一样瓜分了地球。此时距，葡萄牙建国不过350年。

海权为葡萄牙人带来了财富与霸权，财富与霸权则进一步刺激了葡萄牙人扩张的欲望。

第二节　葡萄牙在印度洋的霸业

在早期欧洲人的概念中，印度就意味着东方，东方就意味着财富，因此，欧洲各国都极端重视对印度的贸易，葡萄牙人也不例外。

自亨利时代起，葡萄牙人就一直在寻找着一条从欧洲直接通往印度的航线。在达·伽马之前，葡萄牙人迪亚士已经开始了新航线的探索。

迪亚士出生于葡萄牙的一个王族世家，青年时代就喜欢海上的探险活动，曾随船到过西非的一些国家，积累了丰富的航海经验。

1487 年 7 月，迪亚士受命于葡萄牙国王裘安二世，率 3 艘船沿着非洲西海岸南下探险。8 月，当船队抵达南纬 33°的沃尔维斯港附近海域时，突然遇上了连续不断的狂风暴雨和如山翻滚的浪涛，水手们惊恐万端，以为是大西洋凶狠的奥克阿诺斯海神降罪于他们。魂飞魄散的葡萄牙人日日夜夜祈祷不停，13 个昼夜过后，总算盼来了风平浪静。死里逃生的众船员要求立即返航，回到里斯本那个安安全全的港口。但勇敢的迪亚士认为，自然现象必定事出有因，找到真相才是探险的目的。这促使他决定向东航行，以观能否达到非洲的西海岸。

然而，好几天的行驶，迪亚士仍然未见望眼欲穿的绿洲影子。随船地理学家深感迷惘，他重新分析了非洲西海岸的航海图，推断船队已在风暴中向南飘流，大大地越过了非洲的最南端。

经验丰富的迪亚士命令船队转陀 90°朝正北航行。几天之后，东西走向的海岸线突然出现在眼前，船队投入温柔的莫塞尔海湾的怀抱。惊魂未定的众船员们纷纷要求停止向东航行而冒险，迪亚士只好率船队返航。

但沿着海岸向西航行不多时，奥克阿诺斯海神再次从天而降，顿时海面暴风席卷、巨浪滔天，一道道凶险的海流自西向东，推波助澜，排山倒海。风浪中，战战兢兢的船员经过两天冒死拼搏、奋力抗争，才使船队小心翼翼地绕过危险四伏的海角，驶进浪平如镜、微光闪烁的非洲西海岸。回首望着令人生畏的岬角，无可奈何的迪亚士咒诅它为“风暴角”。

1488 年 12 月，回到里斯本的迪亚士，向国王描述了险象环生的探海经过。此时葡萄牙已进入艾维兹王朝事情，国王是裘安二世。在迪亚士船队绘制的航海图面前，裘安二世不愧为一代明主，他经过分析认为，绕过“风暴角”，就有希望向东航行进入印度洋，于是金口一开，将“风暴角”改名为“好望角”，希望拐过海角向东就能到达朝思暮想的黄金国度——印度。

迪亚士一行人到达好望角

1497 年 7 月 8 日，葡萄牙国王任命瓦斯科·达·伽马为探险队队长，率队再次出航。

达·迦马是个小贵族，1460年出生在葡萄牙锡尼什一个名望显赫的贵族家庭。其父是一名出色的航海探险家，曾受命于国王若昂二世的派遣从事过开辟通往亚洲海路的探险活动，达·伽马的哥哥巴乌尔也是一名终生从事航海生涯的船长。因此，达·伽马在青少年时代就受过很好的航海训练。

达·迦马率领4艘船共计140多名水手，由里斯本启航，踏上了去探索通往印度的航程。开始他循着10年前迪亚士发现好望角的航路，迂回曲折地驶向东方。水手们历尽千辛万苦，在足足航行了将近4个月时间和4500多海里之后，来到了与好望角毗邻的圣赫勒章湾，看到了一片陆地。向前将遇到可怕的暴风袭击，水手们无意继续航行，纷纷要求返回里斯本，而此时达·伽马则执意向前，宣称不找到印度就决不会罢休。

圣诞节前夕，达·伽达率领的船队终于闯出了惊涛骇浪的海域，统过了好望角驶进了西印度洋的非洲海岸。1497年圣诞节时，达·伽马来到南纬31°附近一条高耸的海岸线面前，他想起这一天是圣诞节，于是将这一带命名为纳塔尔，现今南非共和国的纳塔尔省名即由此而来，葡语意为“圣诞节”。

随后，船队逆着强大的莫桑比克海流北上，巡回于非洲中部赞比西河河口。1498年4月1日，当船队抵达今肯尼亚港口蒙巴萨，当地酋长自认为这批西方人是他们海上贸易的对手态度极为冷淡。然而，当达·伽马船队于4月14日来到马林迪港口抛锚停泊时，却受到马林迪酋长的热情接待。他想与葡萄牙人结成同盟以对付宿敌蒙巴萨酋长，并为达·伽马率领的船队提供了一名理想的导航者，即著名的阿拉伯航海家艾哈迈镕·伊本·马吉德。

这位出生于阿拉伯半岛阿曼地区的导航员马吉德，是当时著名的航海学专家，由他编著的有关西印度洋方面的航海指南至今仍有一定的使用价值。达·伽马率领的船队依靠经验丰富的领航员马吉德的导航。于4月24日从马林迪启航，乘着印度洋的季风，沿着他所熟知的航线，一帆风顺地横渡了浩瀚的印度洋，1498年5月20日，达·迦马船队顺利到达印度南部的贸易中心卡里库特，实现了欧洲人梦寐以求直接到达印度的愿望，也从此开始了葡萄牙人在印度洋的霸业。

与郑和的大明船队相比，葡萄牙人在卡里库特的作为简直是一群骗子兼乡巴佬。他们急不可待地收购大量的花椒、丁香、豆蔻、干姜、水晶、红宝石等物品，哄抬物价，使毫无准备的当地人措手不及，陷入日用品短缺的困境，影响了当地居民的日常生活。1498年8月29日，当装满香料、宝石的达·迦马船队离开卡里库特时，遭到了当地海军的追击。一年后，当达·迦马船队回到里斯本，船队已经溃不成军，只剩下两艘船44人，活着的人数仅仅是出发时的1/10！但是，这场耗时两年的航行是值得的，仅仅达·迦马带回的香料就获得极大的利润，是全部航行成本的60倍。

1500年3月9日，迪亚士和另一位航海家卡布拉尔庞大的舰队出发了，它包含有13艘船和1200人，占当时葡萄牙总人口的1‰，虽然与郑和船队的规模不能比，但对照以前的探险少则一条船，多则4条船的规模，可以说是空前的，也反映出国王志在必得的雄心壮志。舰队的指挥官是毫无航海经验的贵族佩德罗·阿尔瓦雷斯·卡布拉尔，迪亚士担任其中一条船的船长。

卡布拉尔受命告知卡利卡特的王公关于基督徒与穆斯林之间的世仇。这种世仇使得每个天主教国王都负有对神圣信仰的敌人进行战争的责任。舰队根据达·伽马的建议，远离非洲西南海岸，绕一个弧形向西南方向前进。但这个弧形绕得有点太大了，以致他们到达了南美大陆东部隆起的地方，巴西

在船上指挥的达·伽马

就这样被发现了。卡布拉尔派一艘船回去报信，余下的船继续航程。

1500 年 5 月 12 日，一些喜欢研究星象判断未来命运的船员船队看见一颗彗星划过天际并朝好望角划去，认为这是灾难降临的预兆。正巧，在经过好望角附近，他们遇到了大风暴，有 4 艘船被毁和打翻，包括迪亚士在内的船上人员全部遇难。卡布拉尔和余下的船员再次到达卡里库特，并载着一大批香料返回葡萄牙。这次，印度人杀死了卡布拉尔的几个船员。

1502 年，达·伽马再次奉命率领一支有 20 条航船的舰队远征印度。

为了显示葡萄牙人强大的海上优势，达·伽马一离开印度海岸，就捕获一条过路的阿拉伯航船，把船货卸下来就在海上连人带船一起烧掉，所有船上的人——几百人包括妇女和孩子——都被活活烧死。达·伽马到卡利卡特后，蛮横地要求卡里卡特国王扎莫林把所有的伊斯兰教徒都从这个港市驱逐出去。正当扎莫林犹豫不定之时，达·伽马就捕杀和致残了38名印度渔夫，随后炮轰卡里卡特。

扎莫林虽然极其愤怒，然而，没有海上霸权的印度人却对葡萄牙人的暴行毫无还手的能力，只得答应了达·伽马的要求。达·伽马得胜回朝，在返航时，达·伽马在东非建立了一些葡萄牙殖民地。

1524年，达·伽马又一次返回印度，这一次，新上任的葡萄牙国王任命他为印度总督。他到达印度几个月后一病不起，于1524年12月去逝。

达·迦马之后，葡萄牙人依靠强大的海上力量，大规模向全世界扩张与殖民。

1509年，葡萄牙人在印度洋打败阿拉伯人，封锁了红海航路，终结了阿拉伯人对印度洋、红海、地中海的控制权，自此，葡萄牙人完全掌握了印度洋的海上霸权。利用从大西洋到印度洋的50多个据点，葡萄牙垄断了半个地球的商船航线，使东西方贸易原有格局发生了巨变。在16世纪初的前五年中，葡萄牙的香料交易额从22万英镑迅速上升到230万英镑，成为当时的海上贸易第一强国。

此后，葡萄牙人继续向西太平洋挺进。1511年占领马六甲，打开通往西太平洋的通道，继之占领并控制了科伦坡、爪哇、印尼等香料产地。葡萄牙人基本上垄断了印度洋和西太平洋的海上贸易。

1522年9月，经过3年零12天的生死搏斗，葡萄牙人的又一位伟大的航海家麦哲伦船队回到了西班牙，完成了人类首次从西向东环球航行的壮举，证实地球确确实实是个球形的假说。由于航海探知地球确实是球形的，不管向西或向东，总会出现交汇。为解决这一问题，1529年，西班牙、葡萄牙谈判签订“萨拉戈萨条约”，规定以通过摩鹿加群岛东部17°的子午线为终止界线，界线向西地区属葡萄牙，向东则属西班牙。

“我是最伟大的人，

把地球踩在脚下！

我财大气粗，拥有无限权势；

我是权杖、王冠和王位，

能使大地和海洋颤抖！

我的威名远扬，

家喻户晓，

我就是葡萄牙，

我比整个世界都大！”

这是葡萄牙诗人罗佩·德·维加的一首著名的诗，将全盛时期葡萄牙人世界霸主的心态表露无遗。

第三节　西班牙海上霸权的建立

葡萄牙依靠海权的迅速崛起，让整个欧洲妒忌得红了眼。1492年，西班牙军队攻入阿拉伯人在西班牙的最后一个王国——格拉纳达，结束了穆斯林在西欧长达7个世纪的统治。阿拉冈国王斐迪南与卡斯提尔的伊莎贝拉女王结婚，西班牙完成统一。当教堂里庆祝这一具有重大历史意义的胜利的钟声还没有彻底消失时，伊莎贝拉女王便决定授予哥伦布海军大将的军衔和新发现土地总督的预封，派遣他远航海外。

1492 年 8 月 3 日，信心百倍的哥伦布率领 3 艘轮船和 120 名船员踏上征途，西班牙也由此踏上了海上强国之路。

哥伦布第一次航行的意义经常被历史学家夸大，其实哥伦布 1493 年 9 月的第二次航行意义更为重大。这是一次名副其实的殖民地远征，随行的船只达 17 艘，共有 1200 人。这次航行使西班牙基本占领了整个西印度群岛，并建立了第一个殖民统治机构和多个殖民据点。之后，哥伦布又分别于 1498 年、1502 年两下美洲，完成了对中美洲和南美洲的发现。

如果说哥伦布对美洲的“发现”还多少能称作和平之旅的话，之后西班牙人对南美洲的征服可以说是一场血腥的种族屠杀，其中对墨西哥的征服尤为残忍。当时的墨西哥处于阿兹特克人的统治下，他们建立了一个北起得克萨斯和新墨西哥，南至哥斯达黎加的庞大帝国，生活宁静而富足。不过，这一切随着科尔特斯的到来而彻底改变了。

科尔特斯于 1519 年 4 月在墨西哥登陆。他是一个典型的冒险家，上岸伊始，就下令毁坏所有船只，以断绝士兵后退之心，大有破釜沉舟之势。11 月 8 日，科尔特斯的大军兵临阿兹特克人的都城特诺奇提兰特城下，国王蒙特祖马充满善意的开门迎接，但却被囚禁起来。蒙特祖马为了保全性命，下令阿兹特克人不得抵抗。不过，由于西班牙人滥杀无辜，激起了人们的愤怒。在一位祭司的领导下，阿兹特克人奋起反抗，把西班牙人围困在王宫中。懦弱的蒙特祖马奉科尔特斯之命出面调停，被人用乱石砸死，科尔特斯的军队也损失惨重。

1520 年底，科尔特斯率 800 名西班牙士兵和 2500 名印第安士兵卷土

哥伦布登陆美洲

重来，陆续抵达的还有6万多被科尔特斯游说而来的“印第安联军”。攻城战进行得异常惨烈，尽管阿兹特克人作出了英勇抵抗，但由于水源、粮源断绝，特诺奇提兰特城在坚守75天后，最终被攻破。这期间，阿兹特克人共战死、饿死、病死24万人之多，尸体遍布城市角落，竟无处下脚。科尔特斯征服墨西哥的速度，其实也就是西班牙人征服南美洲的速度，它和葡萄牙在东方商业扩张的速度不相上下。之后不久，皮萨罗击败了印加帝国，征服秘鲁；弗拉迪维亚征服了智利。到1550年时，西班牙人已经征服了巴西除外的整个南美洲。

从1519年到1535年，西班牙人从被征服的中、南美洲国家掠夺了大量的财物。据估计，1521年到1544年间，西班牙平均每年从拉丁美洲运回黄金2900千克，白银3.07万千克。1545年到1560年间这一数字激增为黄金5500千克，白银24.6万千克。到16世纪末，世界金银总产量中有

83%被西班牙占有。此外，廉价的印第安劳动力和兴旺发达的种植园经济，更是为西班牙带来数不尽的财富。不仅如此，对海上贸易的控制使西班牙人往往能获得300%的高额利润。海外贸易所带来的国库充盈使西班牙有能力发展强大的海上力量，1588年，西班牙花费1000万金币打造出了“无敌舰队”，成为维持海权的重要力量。至此，西班牙人已经建立了欧洲历史上第一个海上殖民、贸易帝国。

西班牙与葡萄牙本是宿敌，西班牙的强大，敲响了葡萄牙人丧钟。偏偏在这个时候，葡萄牙人放松了赖以维系其民族强大海权，开始了陆上的对外扩张。

葡萄牙的强盛来自于其制海权，而其强大的制海权，来自于能征惯战的海军。由于技术落后，葡萄牙海军的生活条件非常艰苦，因此海军战士大多由贫苦人家的子弟担任。这些穷家子弟能够吃苦，打起仗来坚韧顽强，令敌人胆寒。同时，长期的海上扩张使得葡萄牙海军积累了丰富的经验，因此，葡萄牙人的海军勇冠欧洲，少有敌手。葡萄牙人依托其强大的海军为后盾，通过与东方极其不平等的贸易，使得东方大量的资本流入葡萄牙。

1578年6月，葡萄牙国王塞巴斯蒂昂以讨伐异教徒为名，率军2.5万人（雇佣兵为主）于在丹吉尔登陆，开始了对摩洛哥的战争，摩洛哥被废国王穆泰瓦基勒率部投降。摩洛哥国王阿卜德·马利克率步、骑兵5万人迎战。8月4日，葡萄牙军在马哈赞河畔的凯比尔堡附近发起进攻，揭开了马哈赞河会战的序幕。由于此役有葡萄牙国王塞巴斯蒂昂、摩洛哥废王穆泰瓦基勒和摩洛哥国王马利克三位国王参战，历史上称这场战争为“三王之役”。

与海军相比，葡萄牙的陆军采取雇佣兵制，军官多是贵族子弟，娇生惯养，作战懦弱无能，加以葡萄牙陆军历史上也绝少有作战的机会，经验不足。而摩洛哥的战士大都是久经沙场的老兵，作战经验丰富。从双方力量来看，摩洛哥有大军五万，本土作战，士气高涨，葡萄牙不过有两万余的雇佣军，孤军深入，人人以自保为先，根本不是摩洛哥人的对手。

面对马利克人数众多，能征惯战的阿拉伯士兵，葡萄牙人一触即溃。塞巴斯蒂昂率军向马哈赞河对岸撤退。当葡军渡河时，正逢河水涨潮，国王塞巴斯蒂昂和许多官兵被淹死，其余走投无路，纷纷投降。

这场战争以葡萄牙人的惨败而告终：国王陨命，军队亡8000人、被俘1.5万人，无一人逃脱。为了赎回这些俘虏，葡萄牙人花费了大笔的黄金，经济从此衰弱。

更为致命的是，国王塞巴斯蒂昂的死令葡萄牙国中无主，败势显现。

1580年，西班牙国王菲利普二世乘着葡萄牙人在摩洛哥惨败之机，声称自己有一半葡萄牙血统，兼并了葡萄牙，菲利普二世兼任葡萄牙国王，开始了哈布斯堡统治伊比利亚半岛的时代。哈布斯堡王朝剥夺了葡萄牙在海内外的几乎所有财产，代替了葡萄牙在海上的统治地位。

第四节　英西之间的矛盾

15世纪的英国，资本主义开始萌芽，从此，英国海外贸易不断增加，出现了许多外贸公司，如几内亚公司、东印度公司等。英国新兴资产阶级通过这些公司疯狂地掠夺殖民地，积累资本。而当时的西班牙同样是殖民强国，且实力大于英国。

16 世纪初，英国的海上势力与西班牙相比，显得非常单薄，当时，西班牙尚属于封建主义，其在西半球的殖民范围遍及欧、美、非、亚四大洲。为了保障其海上交通线和其在海外的利益，西班牙建立了一支拥有 100 多艘战舰、3000 余门大炮，数以万计士兵的强大海上舰队。

英国与西班牙原本保持着十分密切友好的关系。但在 16 世纪初，英格兰国王亨利八世（1509 ~ 1547 年在位）的一段婚外恋情却埋下了两国矛盾的祸根。

亨利八世

亨利八世的第一位王后是他的寡嫂阿拉贡·凯塞林，他们有一个女儿玛丽·都铎。1516 年继位的西班牙国王查理一世是凯塞林的侄子。他对表妹玛丽·都铎一往情深，但是未能结为夫妇。

1527 年初，英国国王亨利爱上了王后的侍女安妮·博林，遂以王后没有男嗣，可能发生继承纠纷为由要求离婚。罗马大主教皇极力反对这场婚姻。亨利为达到离婚的目的，决定进行宗教改革，建立独立的英国安立甘教会，摆脱教皇的控制。

1533 年坎特伯雷大主教克兰默开庭审理了亨利离婚案。由于凯塞林拒绝出庭，他遂于 5 月 23 日判决亨利与凯塞林的婚姻无效。两天后，亨利就与已经怀孕的安妮举行了秘密婚礼。28 日，克兰默宣布亨利与安妮的婚姻有效。同年 9 月，教皇把亨利开除出教。亨利八世与安妮也生了一个女儿，取名伊

伊丽莎白一世

丽莎白，她加入了英国国教。1554 年，已继位英王的玛丽·都铎与她表哥查理一世的儿子腓力二世（1556～1598 年在位）缔结了婚约。

1558 年，玛丽·都铎病死深宫，伊丽莎白一世继承了英国王位。由此出现王位继承争端。伊丽莎白虽是玛丽·都铎同父异母的妹妹，但却不是天主教徒。在罗马天主教皇的眼里，她继承英国王位是不合法的，合法继承人应是苏格兰的玛丽·斯图亚特女王。

玛丽·斯图亚特是苏格兰詹姆士五世与法国盖斯家族的玛丽所生的女儿，也是英王亨利七世的曾孙。此时，西班牙国王腓力二世准备给伊丽莎白一点颜色看，可是 1558 年 4 月 24 日，玛丽·斯图亚特与法国国王弗朗西斯二世（1559～1560 年在位）结了婚。那时，她的舅父盖斯公爵正在法国当权，想利用玛丽·斯图亚特的关系把法兰西、英格兰、苏格兰和爱尔兰联合成为一个伟大的盖斯帝国。

腓力二世

可是，西班牙正统治着尼德兰（相当于今天的荷兰、比利时、卢森堡和法国东北的一部分）。英格兰的位置恰好威胁西班牙到尼德兰之间海上交通线的侧面。如果英格兰落入玛丽·斯图亚特手中，尼德兰必将不保。这对于西班牙是一个致命的打击。所以腓力二世宁愿支持伊丽莎白确保其王位，以制约玛丽·斯图亚特的势力。而对于伊丽莎白来说，只要尼德兰掌握在西班牙手中，英格兰就始终处于西班牙的两面夹击之下，无法保持英国海面的制海权，也就无法保卫领土不受侵犯。

当时，尼德兰被西班牙划成它的几个行省，实行极残暴的剥削和压迫。西班牙驻尼德兰总督除了经济压榨外，还对异教徒施加血腥迫害。荷兰人热爱自由，受加尔文新教影响，在威廉领导下，不断爆发起义，反抗西班牙统治。西班牙王室派遣最残忍的阿尔法公爵镇压起义者，尼德兰城乡一片白色恐怖。尼德兰人民反抗非常剧烈，除了在森林沼泽中打游击外，还在海上袭击西班牙军舰和运输船。这些优秀的渔夫和水手，战斗力很强，他们自称为“海上乞丐”，并且取得了英国人的援助，自由出入普利茅斯、南安普顿等英国港口。

两国之间你抢我夺，仇恨日益加深，大有战火一触即发之势。

这样，英、西两国表面上虽然一团和气，私下里却互相提防。

野心勃勃的英国女王伊丽莎白明白要想殖民扩张，就必须打败西班牙的舰队。她决心发展一支强大的海军，但她知道，要在短时间内建立一支足以抗衡西班牙舰队的力量是不可能的。于是，她利用海盗霍金斯、德雷克等江洋大盗劫持西班牙的运宝船，从侧面打击西班牙的海上霸权。

霍金斯曾多次率领船队扬帆出海，他在几内亚等地掳掠黑奴，然后运到南美北部沿岸一带西属殖民地的各个港口贩卖。霍金斯的贩奴活动，直接威胁到西班牙对海上贸易的垄断，引起西班牙王室的极大关注，而英国政府却高度赞赏霍金斯的行为，英国女王还专门授予他一个绘有盾形纹章的黑奴作为奖赏。

在1567年10月的一次贩卖黑奴行动中，霍金斯的船队遭到了西班牙武装舰队的袭击，船队损失惨重。英国女王入股的“卢卑克的耶稣”号也被损毁，300 多人死亡或失踪。霍金斯侥幸逃脱，几经辗转才回到了英国。霍金斯决心大力加强英国皇家海军，目的是夺取西班牙的海上霸权。他利用其与女王的私人关系及多年积累的海战和航海经验，全面推行海军舰船的改建和战术改进工作。他还亲自设计了一种新型战舰：快速舰，在上面装有更多的新型火炮。

与霍金斯齐名的还有一位海盗，是被称为“海上魔王”的德雷克。他 15 岁便当上水手，18 岁成为船长，经常抢劫西班牙船只，并因远征太平洋沿岸的西班牙殖民地有功被英国女王授予爵士称号，后来又被授予海军中将军衔。

西班牙国王腓力二世对英国的海盗行径特别恼火，但最初并不想诉诸武力。他勾结英国天主教势力和英国的分裂势力，企图密谋暗杀伊丽莎白女王，而把女王的同父异母妹妹、信奉天主教的苏格兰女王玛丽扶上英国王位。玛丽早在 1568 年就因苏格兰政变而逃到英国，被伊丽莎白囚禁。不久，腓力二世的阴谋败露，1587 年 3 月，伊丽莎白乘机处死了玛丽。

第五节　“无敌舰队”的覆灭

玛丽女王被杀后，腓力二世非常愤怒，并且发誓定要为玛丽报这个不共戴天之仇。他命令勒班陀宿将克鲁兹侯爵再度出山，加紧修造战船，进行战争准备。

1588 年 1 月 30 日，就在各项准备工作即将完成，克鲁兹却突然去世了，对于腓力二世来说，这是一个沉重的打击。几乎没有人能够替代克鲁兹的将领地位。腓力二世最后任命西多尼亚公爵继任舰队司令，统率西班牙“无敌舰队”远征英国。这支庞大的“无敌舰队”共有各型战舰和运输船 130 余艘，水兵 8000 余人，步兵 1.9 万人。

从实力看：当时英国的资本主义已经兴起。它的呢绒、皮革、各种铁器远销世界各地。英国冶金业相当发达，铸炮技术先进。由于通往美洲和亚洲的航线开辟了，世界商业中心从地中海转移到大西洋。英国和荷兰取代了威尼斯等地中海国家，从海上贸易中积累了大量财富。尽管西班牙王还不把它放在眼里，可是被浓雾笼罩的英格兰，实际上硬得像个核桃。

5 月 20 日，西班牙“无敌舰队”从里斯本扬帆出航，企图与集结在属地尼德兰港口的陆军运兵船会合，尔后掩护陆军横渡多佛尔海峡在英国登陆。舰队刚出港口就受到大西洋风暴的猛袭，等他们来到浪恶风险的比斯开湾时，淡水已从仓促制成的木桶中漏光。食品大量腐烂，西班牙水手们疲倦不堪，陆军也因风浪晕船丧失了战斗力。6 月 9 日，无敌舰队被迫航入西班牙半岛西北角的拉科鲁尼阿港避风和补给。西多尼亚公爵写信建议国王暂停远征，明年再图进兵。菲力普断然拒绝建议。西多尼亚无可奈何，7 月 12 日硬着头皮又出发了。

7 月 19 日，西班牙人已经望见了英格兰西南的利泽德角。然而离英国这么近，居然没碰上幽灵般的德雷克。西班牙海军将领发生了争议：显然，德雷克没出海，大概在他的老巢普利茅斯中睡觉。西班牙军官李弗亚建议利用机会，将德雷克堵在港口里，发扬西军在窄海中作战的长处，把德雷克舰队一举全歼。西多尼亚公爵受制于菲力普王前命，不想和德雷克

1588 年，无敌舰队离开费罗尔湾

纠缠，放弃了战机。

7 月 22 日，舰队再度起航。当西班牙舰队进入英吉利海峡时，西班牙战船上的水手发现海峡西北岸的英国陆地上燃着无数处烟火信号，而且这些烟火信号是随着“无敌舰队”的航行顺序点燃的。显然，这是英国人在通报西班牙舰队的航行情况。

英国人对此早就做了准备。当获悉西班牙试图入侵英伦三岛时，伊丽莎白女王马上下令召开军事会议，由德高望重的霍华德勋爵担任舰队司令，德雷克和霍金斯任舰队副司令。英国舰队共有 197 艘舰船、水兵 1.45 万人，还有步兵 1500 人和 2000 门火炮，早就在普利茅斯附近海域待机歼敌。

西班牙“无敌舰队”与长蛇般的英国舰队对阵了，西多尼亚公爵根据西班牙传统的近战战术，命令“无敌舰队”排列成几路纵队，全速向英国战舰紧逼。西多尼亚的意图很清楚，西班牙的步兵在世界上是较强的，只要靠近并钩住英国战舰，步兵就能充分发挥作用，因此，短兵相接是否成功，是“无敌舰队”能否取得胜利的关键。

然而，有丰富海上作战经验的霍华德和德雷克并没有轻易上当，他们把英国战舰分为两列，尽量不靠近西班牙舰队。而是利用强有力的远距离火炮攻击对方。奇怪的是英国战舰横过来也能发炮，而且速度快，火力猛而准，“无敌舰队”一下子就有好多舰只中炮起火。

由于西班牙的战船体型巨大笨重，航行极不灵活，战船上装备的火炮不多，而且比较重。英军的战舰比较长，没有船楼结构，除甲板上装有大炮外，舷窗上也装了炮，因此快速轻便，炮火猛烈。

激烈的炮战持续了一整天，到黄昏时，“无敌舰队”有两支分舰队的旗舰中炮损毁，整个舰队混乱不堪，惨不忍睹。

西班牙海军将领总结了白天的战斗，被迫承认英国人在航海技术和炮术上占优势的现实，采用白天打法，炮弹消耗过多。经过讨论，大家决定先到维特岛登陆，等待补给运到再试图和巴尔马公爵汇合。

7 月 23 日黎明，风向变成东北。西多尼亚利用顺风发动了对英国人的反击。战斗进行不久，弗罗比希尔的座舰“凯旋”号等 6 艘英舰被西班牙军舰包围，形势危急。“凯旋”号是当时英国最大的军舰，排水量 1100 吨。西多尼亚一见网住了大鱼，立即指挥他最好的工 6 艘四桅战舰阻击霍华德的援军，双方拚命射击，在重炮轰鸣声中甚至听不出轻炮的声音，经过激战，弗罗比希尔终于突围而去。第二天，英军炮弹告罄，于是派船到岸上去取，接下去几天，风时起时停，船帆软瘪瘪的，双方都无力搏斗。

7月25日上午，霍华德发现李卡尔德的旗舰“桑塔阿拉”号漂离了西班牙大舰队，便派了些小船去攻击它。西多尼亚派3艘中船去打英军小船，结果西班牙中船又受到英舰“金狮”号和“皇家方舟”号的截击。大风复起，双方开始激烈炮战。

英国人仗着航海技术高超，想战则战，想走就走，他们可以用长炮在较远处打击西班牙人。西班牙人诱敌计划失败，拿手的接舷战也无法施展，加农炮射程近，常常打不中英国军舰。在大量消耗中，英国人离家近可以马上获得补给，而西班牙舰队则困难得多。打来打去，西班牙统帅决定放弃占领维特岛计划，一直东航到加来以求补充炮弹。

尽管打了几天，西班牙舰队损失并不严重，然而撤往加来的后果却很可怕，西多尼亚的大舰队锚泊在法国加来和格里斯尼兹角之间，他们并非害怕英国人，委实是炮弹所剩无几。英国舰队驶向多佛尔，汇合西莫尔勋爵兵力，使总数达到136艘船，西多尼亚等待巴尔马的企图落空了，整条尼德兰海岸线都被“海上乞丐”舰队封锁，凶残的西班牙公爵巴尔马的登陆舰队根本冲不出海港，援兵无望，西班牙舰队受到损失后还剩124艘船。

7月28日晚，英国诸海军将领再次在“皇家方舟”号上召集会议研究破敌之计。大家一致同意使用火船。火船战术虽然非常古老，可在当时还是有效的。原先英国人在多佛尔专门准备了火船，但月黑风紧大家都等不及，就从舰队中挑了8艘200吨小船，装上沥青、油脂和柴草，当夜顺风顺潮，火船向西班牙军舰的锚地漂去。

西班牙海军本来对火船有所防备，专门派了几艘小艇负责拦截它们，但事到临头个个惊恐万状。连西多尼亚也害怕了，慌乱中下达了“砍断锚索”的命令。他原意是想等火船漂过之后各舰再回到原地。然而混乱中，大家争相逃命，许多军舰自相撞沉。结果，公元前的火船战术效果超过了上百艘英舰的大炮。

火船漂远了。西多尼亚放了一声炮，通知各舰队重新集中返回加来。虽然火船没有直接烧毁一艘西班牙军舰，可大多数西班牙军舰为了躲火船都丧失了两个主锚，它们仅用唯一的助锚已无法系留。天明后，西南风把无锚的舰队向东北吹去，西多尼亚无可奈何，只好下令“圣马丁”号拔锚跟上舰队。

当黎明时的海雾消散时，英国人清清楚楚地看到了“无敌舰队”的悲惨处境：西班牙人队形混乱，兵无斗志。他们唯一的希望就是等英国人炮弹用光后，再逃出虎口。一艘西班牙中船“卡皮塔拉”号搁浅在沙滩上，它是西军将领雨果的座舰，载有 800 人。霍华德放弃追击，带着他的分队攻打雨果。一番撕杀后，西班牙人悉数就歼，雨果本人战死。

德雷克、霍金斯和弗罗比希尔等将领继续率队咬住敌人主力。英军弹药不多，就尽量接近敌舰射击，近到“可以听到对方说话”的距离。西班牙海军凶狠反击，无奈炮弹寥寥无几，一会儿火力就弱下来。英军炮弹消耗也很大，于是采用抢上风把敌人挤到海岸边搁浅的战术。

从上午 9 时一直打到下午 6 时，英军炮弹打光了。西军舰队已漂过敦刻尔克。李卡尔德的“马利亚余安”号被英军击沉。夜幕低垂时，风向改变，朝英国舰队吹去，德雷克等人停止了追击。整整一星期的炮战里，西班牙舰队发射 10 万余发炮弹，由于距离较大，给英军造成的损失甚微，连一艘敌舰也未击沉。西军死伤 1400 人，英军不足百人。

7 月 29 日黄昏，西军将领再次召集军事会议。鉴于败局已定，大家开始讨论返航路线。回西班牙的海路有两条：一条是原路通过海峡，另一条要向西绕过英国和爱尔兰。南风刮个不停，返回英法海峡困难，加上德雷克的威胁，西军选择了绕过英国的北方航线。8 月 2 日，完成编队的西班牙军舰向英格兰北方的奥克尼群岛进发。第二天，霍华德他们高奏凯歌返回英国北方各港口。

8 月 6 日，西班牙舰队进入多佛尔海峡。等待救援的舰队司令还没有等到，就被英国一支分舰队封锁了尼德兰海面，根本无法会合。

8 月 7 日深夜，海面上刮起了强劲的西风。“无敌舰队”的士兵经过几天苦战，早已熟睡。午夜时分，舰队司令被叫醒，发现海面上有 6 条火龙乘着西风，飞似地冲进了西班牙舰队。就这样，好几艘战船起火燃烧。

原来，这是英国舰队施展的一条火攻妙计。他们挑选了 6 条旧商船，船身上涂满柏油，船舱里装满易燃物，点火后乘风驶进西班牙舰队中。

西多尼亚公爵本不熟悉水战，眼看火烧战船，慌乱之中下达了“砍断锚索”的命令。他原意是想使舰队中的各船拉开距离，躲过火船，然后再集结起来，谁料想这个错误的命令使西班牙舰队一片混乱，有的举斧砍缆，有的抽水救火，有的跳海逃生。舰船相互撞击，到处都是惨叫声。

好不容易躲过火船，扑灭了大火，残存的西班牙战船只好随风逐波，向东北方向漂去。

8 月 8 日黎明，英舰队乘势追击，展开猛烈炮击。双方在格拉沃利呐海域进行决战。西舰队仍墨守过时战术，坚持接舷战，未能毁伤英舰。英舰队司令指挥有方，舰船机动灵活，舰炮射程远，始终处于主动地位。

“无敌舰队”抵挡不住英舰的攻击，损失惨重，开始逃窜。英国舰队则越战越勇，本想全歼西班牙“无敌舰队”，可是风向突然改变，向着英舰吹来，“无敌舰队”乘机逃脱了。尽管如此，西班牙舰队中的 16 艘战船还是成了英舰队的战利品。

西多尼亚见大势已去，登陆无望，只得命令舰队绕道返航西班牙。在返航途中，“无敌舰队”又遇到大风暴，损失了很多舰船。进入大西洋的时候，又有许多舰只触礁沉没，被英国俘虏5000多人。经过两个月奔逃，西多尼亚才率领这支残存舰队回到西班牙。出发时洋洋大观的130艘无敌巨舰，其中有63艘永远也回不了埃斯科里亚尔港。这些船中有35艘失踪，其余的船不是被击沉就是搁浅。在这次海战中，“无敌舰队”几乎全军覆灭，而英国舰队损失很小。

英西海战是英国人在夺取海上霸权过程中的第一个具有决定性的会战，它不仅更改了英国的弱势地位，使之免受入侵的危险，并且让英国人明白了一个道理：赢得海洋就能赢得世界。从此，英国人开始信心满满的控制着海上的霸权，走上了殖民主义的道路，最后将自己的旗帜安插在了世界各大洲的土地上，成为一个名副其实的海洋大帝国。

第四章

英荷争锋

第一节　荷兰的崛起

荷兰位于欧洲大陆西北部，面积仅 4.1 万平方千米，它的正式国名是尼德兰王国，荷兰只是这个王国中最大的行省的名称。荷兰原是西班牙的属地，1609 年才彻底独立。

15 世纪末的地理大发现，给欧洲带来前所未有的商业繁荣，也为荷兰提供了成就商业帝国的历史性机遇。如果说，最早开始远洋冒险的葡萄牙和西班牙，主要是依靠暴力去进行赤裸裸的财富掠夺，那么，紧随其后的荷兰人由于缺少强大的王权和充足的人力资源，十分自然地选择了依靠商业贸易来积累财富，同时也积累着足以让自己强盛起来的竞争技巧和商业体制。

当时，世界各国间的贸易交往主要依靠海上交通。为了打败强有力的竞争对手英格兰，荷兰人设计了一种造价更加低廉的船只。此前，典型的欧洲商船都建造有可以架设火炮的平台，以防止海盗袭击。荷兰人第一个冒险建造出了一种仅能运送货物、不可装置火炮的商船。这种三桅商船船身很大很圆，而甲板很小，居住舱室有限，具有最大的货舱空间，而且极省材料，造价只有英国船只的一半。正是这种便宜、宽敞的商船，让荷兰人赢得了享誉世界的“海上马车夫”的称号。

1602年，荷兰联合东印度公司成立，这是一个前所未有的经济组织，它是世界上第一个联合的股份公司。它发行股票，不过不是现代意义的股票：人们来到公司的办公室，在本子上记下自己借出了钱，公司承诺对这些股票分红，这就是荷兰东印度公司筹集资金的方法。通过向全社会融资的方式，东印度公司成功地将分散的财富变成了自己对外扩张的资本，甚至连阿姆斯特丹市市长的女仆也成了东印度公司的股东之一。

不仅如此，荷兰政府也是东印度公司的股东之一。政府将一些只有国家才能拥有的权利，折合为2.5万荷兰盾，入股东印度公司。政府还授予东印度公司大得惊人的权力：比如可以发动战争，可以和土著缔结和约等等。

荷兰人还创造出了一种新的资本流转体制。1609年，世界上第一个股票交易所诞生在阿姆斯特丹。只要愿意，东印度公司的股东们可以随时通过股票交易所，将自己手中的股票变成现金。

早在400多年前，在阿姆斯特丹的股票交易所中，就已经活跃着超过1000名的股票经纪人。这里成为当时整个欧洲最活跃的资本市场，前来从事股票交易的不仅有荷兰人，还有许许多多的外国人。大量股息收入从这个面积不超过1000平方米的院子，流入荷兰国库和普通荷兰人的腰包。

当大量的金银货币以空前的速度循环流通时，荷兰的经济血脉开始变得拥堵起来。这一次，荷兰人解决问题的探索就是建立银行。阿姆斯特丹银行成立于1609年，它是一个城市银行、财政银行和兑换银行。它吸收存款，发放贷款，对荷兰的经济稳定起到了重要作用。

到17世纪中叶，荷兰联省共和国的全球商业霸权已经牢固地建立起来。此时，荷兰东印度公司已经拥有1.5万个分支机构，荷兰的商船队拥有1.6万余艘船只，占欧洲商船总吨位的3/4，世界运输船只的1/3，据当时的英国经济学家贝提的统计，1670 年船舶的总吨位是：荷兰 90 万吨，英国 50 万吨，西班牙、葡萄牙共 25 万吨，法国 15 万吨。

这些商船队在世界各大海洋中游弋，几乎垄断了全球的远洋贸易，当时英法两国的远洋贸易总额加起来才勉强与它相当。马克思这样评价道：1648 年的荷兰，已达到了商业繁荣的顶点。

17 世纪，荷兰中产阶级的富足生活

贸易上的垄断必然导致大规模的海上扩张。荷兰商人从葡萄牙人手中偷来了远航东方的航海图，随即组织商船到达印度的果阿、爪哇和摩鹿加群岛等地。1602 年，荷兰的商人和贵族联合建立东印度公司，在南亚迅速扩张，建立起一批武装商站。1603 年在爪哇，1606 年在马六甲，荷兰先后打败西班牙和葡萄牙海军。1619 年，荷兰在爪哇建立巴达维亚城（今雅加达），后又到了苏门答腊、锡兰（今斯里兰卡）和苏拉威西。1621 年，荷兰成立西印度公司，把势力扩展到美洲。1624 年，荷兰殖民者侵占中国的台湾（后于 1661 年被中国民族英雄郑成功收复）。1642 年，荷兰航海家塔斯曼发现了澳大利亚东南的塔斯曼尼亚岛。1648 年，荷兰占领了好望角，在非洲南端建立起一个战略地位十分重要的殖民据点。

世界历史上的 17 世纪被公认为是“荷兰的世纪”。在那 100 年的时间里，世界上几乎没有人能够忽视荷兰：一个在自由、宽容的环境中创造出奇迹的小国，一个前所未有的、强大的商业帝国。

第二节 英荷之间矛盾加剧

1588 年，英国打败了西班牙的“无敌舰队”，取代了其海上霸主的地位。此后，英国不断扩大对外贸易，并且向印度和美洲进行殖民扩张，实力变得日渐雄厚。然而，到了 17 世纪中期，当荷兰人大肆对外扩张之时，在英国的内部，国王与国会之间发生了剧烈冲突。冲突引发内战，并最终导致资产阶级革命，英国停滞了海上势利的发展。

1649 年，查理一世被处死，英国宣布成为共和国，成立了以克伦威尔为首的护国政府，形势开始发生转变：护国政府的任务之一是对外消除外国竞争者，资产阶级迫切要求开辟新的海外殖民地，拓宽海外市场，将英国真正变成称霸世界的海上商业强国。

克伦威尔

荷兰对海上贸易的垄断，显然阻碍了英国的海上强国之梦，这表现在许多方面。荷兰人非常排挤英国商人，在世界各地，荷兰人凭借着自己的资本雄厚，基本上垄断了各国的贸易。1649 年，荷兰与丹麦签订条约，获得了货船免税通过松德海峡的权利，从而掌握了这一地区的贸易优势。最让英国人无法忍受的一点是，荷兰在英国水域肆意捕捞鱼虾等各种水产品，甚至还将这些水产品拿到英国市场上以高价出售，牟取暴力。所有的这些，都让英国的资产阶级怀恨在心。

英国明白只有将荷兰制服，才能拥有自由，获得更大的贸易空间，英国才能成为世界上最富有的国家。

当时，荷兰已经建立了庞大的海军舰队，其海军数量比英、法两国海军的总和还要多。为此，克伦威尔制定了控制海洋的种种战略，实施规模巨大的海军建设计划。专门成立了“海军委员会”负责建造为海战设计的新型战舰。

英国海军一改伊莉莎白女王时期战时征召武装商船和海盗船的习惯做法，而将武装商船和海盗船作为预备役用。英国海军从1649年的39艘猛增至1651年的80艘，他出售没收来的贵族财产，筹资建造装炮80~100门、排水量1000多吨的大型战舰。据说规模最大的“海上主权”号，排水量为1500吨，四层甲板104门重炮，水兵800多人，最大的炮弹净重60磅（1磅≈0.45千克），一次齐射的炮弹重达1吨。

另外，克伦威尔还加强海军训练和管理：改善水兵的薪饷膳食；制定所谓的“奖金”制度，犒劳俘虏或击沉敌舰有功的士兵；还专门从陆军中选出兵士担任职业海军军人，并任命经验丰富的职业军官指挥海军。而荷兰海军最大的战舰装炮也只有40~50门。到战争爆发时，英国海军的实力已经超过了荷兰海军。

英国的态度随着强大舰队的建立而变得傲慢起来，1651年2月，英国议会派出两位特命全权大使出使荷兰，提出两国应该结成更紧密、更真挚的同盟。荷兰不明白其意，于是英国政府明确指出，在战争与和平问题上，在国际条约和国际同盟中，两国应该像一个统一的国家那样采取行动，在某些场合下，甚至在内政问题上，荷兰三级会议应服从英国议会的决定。英国政府还说，如果这个建议被接受，还有“更重要的、将对两个共和国的幸福具有更重大后果的条文要提出来”。

英国的提议遭到了荷兰三级会议的断然拒绝，这都在英国人的意料之中。克伦威尔于是在次年颁布了《航海条例》。根据这个条例，自1651年12月1日起，亚洲、非洲和美洲生产的任何商品，只能从原产地直接运入英国，且必须由英国船只运输。违反条例的船只将被连船带货一并没收。

同年，英国政府又宣布：凡从欧洲运到英国的货物，必须由英国船只或原商品生产国的船只运送；在欧洲以外各地生产的商品，必须用英国船只运入；运入英国的鱼类必须为英国渔船所捕，且只有英国船只才能运鱼出口。这样，主要从事转口贸易的荷兰便被排斥在外了。

荷兰提出抗议要求英国废除《航海条例》，遭到英国断然拒绝。双方都意识到战争的不可避免性，在剑拔弩张的形势下，秣马厉兵式的扩军备战展开了，两国关系急剧恶化，战争一触即发。

第三节　第一次英荷战争

1652年5月，英国海军将领布莱克率领20多艘舰船在多佛尔海峡巡逻，迎面碰上荷兰海军上将特罗普率领的42艘为商船护航的军舰。英国海军要求荷兰海军向英国国旗致敬，遭到拒绝。于是双方展开了4个小时的激烈炮战。结果，荷兰人损失了2艘战舰，布莱克的旗舰“詹姆斯”号被射穿了70多个弹孔。第一次英荷海战爆发了。

第一次英荷战争主要分为两个战区：

1. 多佛尔海峡和北海战区。

这一战区的海战主要有：

（1）普利茅斯海战。

1652年8月26日，荷兰舰队护航商船通过英吉利海峡时受到英国约

40艘军舰和5艘纵火船的拦截。荷兰指挥官米歇尔·阿德林森·德·奈特在普利茅斯港外投入了30艘军舰和6艘纵火船与英军作战。此战双方实力相近，在舰队指挥、舰船运转技术、海战技术、炮术方面都堪称优秀，被认为是历史上一次有名的棋逢对手、将遇良才的海战。此役双方互有伤亡，但荷兰商船队成功地通过了海峡。

（2）肯梯斯诺克海战。

1652年10月8日，英国舰队在布莱克指挥下打击荷兰捕鱼船，使之损失惨重，有900多名渔民被俘。于是荷兰决心报复。普利茅斯一战以后，荷兰方面认为英国海军战斗力不如其海军，便在没有从地中海抽调援兵的情况下，忽视兵力和火力都弱于敌方的现实，贸然发动攻击。10月8日，双方在泰晤士河口外的肯梯斯诺克不期而遇。英国方面舰船约68艘、荷兰则为64艘，英舰数量略多且火炮亦占优势，双方混战两天两夜，最终荷兰舰队无法招架，有3艘被击沉，数艘遭毁坏。英国舰队大获全胜。

（3）达格尼斯海战（邓杰内斯海战）。

英国在取得了肯梯斯诺克海战的胜利后，将舰队分成了几个部分，并抽出20艘军舰前往支援地中海战区，而在多佛尔海峡战区的军舰仅剩下了42艘，在数量上明显处于了劣势。另一方面，特罗普又重掌了荷兰海军的帅印，为荷兰商船队护航。12月10日，特罗普出动78艘战舰替拥有300艘船只的庞大商船队护航，布莱克指挥英舰在英格兰东南的达格斯坦海角拦截。双方军舰在数量上相差悬殊，加之特罗普与其副手德·奈特的正确判断和果断指挥，使得英国战舰被击沉3艘、被俘虏2艘。英国舰队大败，龟缩于英国南部港口，一时间将制海权拱手相让。

（4）波特兰海战（又称“海峡三日战”或“三日海战”）。

前一次的战败使得英国将分散为几部分的海军力量重新集中，加之国内又新建了多艘战舰，海峡方面双方军事实力的对比又发生了变化。2月28日，特罗普率领80艘战舰护送约180艘商船在返回荷兰的途中与大约70艘战舰英国舰队遭遇。荷兰舰队投入攻击，掩护商船前进，双方在海上激战了整整3天，特罗普才突破了英国的海上封锁，将大部分荷兰商船安全送回本国。但此役荷兰海军损失惨重，11艘战舰与30艘商船或被击沉或被缴获，阵亡人员近2000。英国方面今损失1艘战舰，伤亡1000多人。另外，布莱克本人也在此战中受了伤，由蒙克继任。

波特兰海战之后，英国重新获得了多佛尔海峡以及北海水域的制海权。

（5）加巴德沙洲海战。

加巴德沙洲海战

1653年6月12日，特罗普指挥荷兰舰队（约军舰104艘）从本土基地出发，试图打破英军的海上封锁。蒙克、迪恩指挥115艘英国战舰迎战。初时，双方力量接近，相持不下。暮色已下之时，布莱克率18艘军舰赶来增援，荷兰舰队在数量上居于劣势，于13日开始撤退到佛兰德浅滩，英国军舰无法追击。（荷兰船只吨位较小，船底较平，吃水不深，能够停靠在像荷兰海域那样的浅水滩；英国军舰则大多吃水很深，无法进入浅滩。）荷兰此役有9艘军舰被击沉，11艘被俘，损失兵力1400多人。英国仅损失了1艘军舰和400多人，但舰队司令迪恩海军上将阵亡。

（6）斯赫维宁根战役。

加巴德沙洲海战战败后，荷兰完全失去了英吉利海峡的制海权，其海岸受到英国海军的严密封锁，经济一度陷入瘫痪。为了挽回败局，荷兰老将特罗普决定进行一次“敢死”式的决战，他重新扩充军队，于英国海军战于斯赫维宁根海面。

8月10日，战斗正式开始，荷兰海军拥有战舰106艘（其中特罗普指挥82艘，德·奈特指挥24艘），英国拥有战舰100艘（蒙克指挥）。据说战斗从早晨7点一直持续到晚上8点，战况十分激烈。特罗普中途中弹身亡，荷兰人士气大为受挫，25名舰长脱逃。这次海战以荷兰的惨败告终，荷军损失了15艘战舰，伤亡4000多人，而英军仅损失了2艘军舰，伤亡1000多人。斯赫维宁根海战以后，荷兰舰队元气大伤。英国对荷兰实行绞杀式封锁。多佛尔海峡和北海战区再无大战。

2. 地中海战区。

这一战区的战斗从战略层面观之，对战争影响不大。荷兰集结了强大的舰队，始终保持着对英国的优势：范·盖伦指挥的荷兰舰队有14艘战舰组成，每舰配备26至30门火炮，另外还有22艘武装商船作为增援。英国舰队有15艘战舰，每舰配备30至54门火炮，但英国舰队分为两部分，分别部署再地中海东部的里窝那和厄尔巴岛。这就给了荷兰舰队分而歼之的契机：荷兰舰队司令范·盖伦巧妙集中兵力插入英国两支分舰队之间，切断他们的相互联系，造成了局部优势。

1652 年 8 月 28 日，部署在厄尔巴岛的英国分舰队主动出击与优势的荷兰舰队交战，遭受到重大损失。荷兰军队继而封锁里窝那长达 6 个月。1653 年 3 月 13 日，里窝那海战爆发。范·盖伦诱出部署于里窝那的英国海军并予致命的打击——除了一艘脱逃外，其余的全被击沉或俘虏。荷兰海军虽然在此役中大获全胜，但卓越的统帅范·盖伦于激战中阵亡。战后，英残舰撤出地中海，荷兰海军控制了此战区的制海权。

第一次英、荷战争最终以英格兰的胜利而结束。1654 年 4 月 15 日，荷兰被迫缔结《威斯敏斯特和约》。根据和约，荷兰承认了《航海条例》，并保证赔偿从 1611 年起给英国东印度公司造成的损失。这次和约标志荷兰将海上霸权让位于英国的开端。

第四节　第二次英荷战争

1660 年，斯图亚特王朝在英国复辟。英王查理二世一上台，就授予英国海军“皇家海军”的称号。他继续执行重商主义政策，争夺和扩大殖民地。

为了独占海上运输业和殖民地市场，增加税收，大量销售英国工业品，英国政府于 1660 年再次颁布《航海条例》。新条例规定：殖民地不论输出和输入商品，都必须用英国船只装载。条例还指定了许多物品，如烟草、糖、原棉、靛青、染木等，只能运往英国和英属领地，首先满足英国工业生产的需要，多余的产品再从英国转销欧洲各地。1663年，英国政府又颁布了《主要产物法令》。法令严格规定：凡在欧洲各地出产或制造的物品，都必须先输送到英国，再用英国船从英国海港启程，才可以转运到美洲殖民地。

《航海条例》和《主要产物法令》严重损害了荷兰人的利益。荷兰资产阶级和商人忍受不了这种限制的歧视，限制和反限制的斗争时而激烈，时而平缓。殖民地频繁的冲突导致了最后的决裂，第二次英荷战争爆发了。

战争刚刚开始，荷兰打了一次败仗。1665年6月13日，英国约克公爵指挥137艘军舰在英国东海岸的洛斯特夫特海面与121艘荷兰军舰展开大战。荷兰的30艘战船被击沉，英国只损失了2艘战船。荷兰认为败局已定，主动同英国讲和。英王查理也认为自己胜利了，于是下令大部分舰只退役，水兵复员，岂料这一目光短浅的行动，使英国遭到屈辱的失败。

1666年6月，英国收到一份错误情报：法国舰队已抵达英吉利海峡，准备进攻英国。（该年1月，法国路易十四国王已对英宣战）。英王查理决定，把舰队分为两路：由其表兄鲁伯特亲王率24艘战舰南下海峡，迎战法国人；由阿尔比马尔公爵率舰56艘充当鲁怕特亲王的支援兵力。11日，阿尔比马尔率舰扬帆驶向佛兰德海岸，不料遭遇了米歇尔·艾德里安森·德·路特率领的拥有85艘战舰的荷兰舰队。路特是一位行伍出身的将军。他1607年3月生于西兰省一位老水手的家庭。11岁时，小路特就随父亲上船当了实习水手，后来逐级提升。他足智多谋、勇贯三军，但又平易近人，体恤下属，一直是荷兰海军的灵魂和象征。阿尔比马尔不顾力量悬殊，英勇迎战。结果，英军伤亡巨大，几乎每艘战舰都挨了炮弹。12日，阿尔比马尔发表了讲话："即便情况最坏，我们一同勇敢战死，也比落在荷兰人手中受羞辱要光荣。战败是战争命运的注定，而逃跑则是懦夫的行为。”在阿尔比马尔的鼓动下，英军将士勇气倍增，顽强作战，但终因寡不敌众，被迫撤退。13 日，在撤退途中，英军旗舰“皇家查理”号带领数艘战舰一头扎进沙洲。吨位最大，吃水最深的“太子”号也深深陷入了泥沙。荷兰舰队蜂涌而上，纵火将“太子”号烧毁。傍晚时分，荷军渐渐逼近了英舰。危急时刻，鲁伯特亲王率舰队回师增援。荷军未敢轻举妄动。14 日，两位英军将领决定再次迎战荷兰舰队，挽回丢掉的面子。激烈的海战从清晨一直延续到下午 4 点。每艘英舰都被打得遍体伤痕，荷兰人却越战越勇。眼看皇家海军就要彻底灭亡。关键时刻，荷军的弹药不够了，路特只好下令转舵返航。这次海战被称为“四日海战”。英国皇家海军有 17 艘战舰被打沉海底，5000 多人战死，3000 余人被俘，而荷兰海军仅仅损失了 6 艘战舰，2000 名官兵死亡。

“四日海战”简直是英国海军的奇耻大辱。8 月，英国人终于找到机会报仇雪恨。首先在圣詹姆斯纪念日之战中，以 1 艘战船 3 艘火攻船和 300 人（包括 5 名舰长）的微小代价取得了击沉 20 余艘荷兰战船、杀伤 7000 多人的战绩。然后，罗伯特·霍姆斯爵士率一支小舰队偷袭荷兰的特塞尔岛，烧毁了 150 艘荷兰商船，给荷兰财政造成极大损失。

战争劳民伤财，英、荷双方困难重重，加之法国又意图称霸欧洲，两国遂于 1667 年 1 月开始和谈。为了在和谈中处于有利地位，路特策划了一次对英国查塔姆海军基地的奇袭。

查塔姆基地处在英国内陆腹地，位于梅德韦河上游，有 18 艘巨型战舰停泊在那里进行修理。基地的防护非常严密。梅德韦河遍布着浅滩和沙洲，是它的天然屏障。沿江筑有希尔内斯炮台，其火力控制整个江面。在梅德韦河口与查塔姆之间，还设有一根长 800 码（1 码≈0.91 米）、重

14.5 吨的横江大铁链。基地设有厄普诺尔炮台，岸上炮火能封锁港口，保护基地内的军舰。

第二次英荷战争

1667 年 6 月 19 日，荷兰舰队偷偷航行到了泰晤士河口，趁夜黑风高一举推进了 20 英里（1 英里≈1.61 千米），顺流上溯到梅德韦河。消息传来，伦敦朝野惊慌失措，宫廷和市内人心惶惶，一片骚乱。阿尔比马尔公爵急忙组织江河防御。但是，他的参谋人员却非常软弱与没用。英军没能进行有效的挡截作战。第二天下午，荷兰战舰驶人希尔内斯炮台的防区之内。英军慌忙发炮还击。然而，由于火炮未按规定安装，第一发炮弹射出后，大多数的炮管都脱离炮床，掉进了后面的泥潭。英军官兵顿时不知所措，在荷兰人的舰炮轰击之下，纷纷逃窜，仅剩 37 人在阵地上坚守。荷军登陆队不费吹灰之力就占领了炮台，缴获了成桶的火药和价值 4 ~5 吨黄金的木材、桅杆、树脂、沥青等船用物资。

希尔内斯的陷落，使英国当局更加恐慌。阿尔比马尔匆匆赶到查塔姆，准备再次组织江河防御。6 月 22 日，英国在横江铁链下方的狭窄航道中凿沉了 7 艘舰船，企图封锁航道。然而，荷兰侦察船很快就探明了沉船位置。第二天，路特率舰顺利地绕过英军沉船，又用两艘火攻船压断了铁链，随后继续向上游推进。

6 月 23 日清晨，荷兰舰队到达查塔姆。厄普诺尔炮台像巨大的横江铁链一样形同虚设。大炮年久失修，炮架破朽不堪，炮身锈迹斑斑。更糟糕的是，急急忙忙运来的炮弹，丸身与火炮的口径不符。荷军战舰毫发未伤就将英国的巨型战舰付之一炬。顿时，冲天火光熊熊而起。

几天后，路特率领荷军全部舰船，带着俘获的英国海军战舰“皇家查理”号回到荷兰。这次奇袭使英国损失了 20 万英镑，也加快了和谈进程。

1667 年 7 月 21 日，英、荷政府签署了《布雷达条约》。英国放宽了《航海条例》的限制条件，承认了荷兰在东印度群岛的势力范围，荷兰人也承认西印度群岛为英国势力范围。英国把普洛兰岛（摩鹿加群岛）和南美洲的苏里南转让给荷兰、荷兰则把哈得孙河谷和新阿姆斯特丹（即纽约）的殖民地割让给英国。第二次英荷战争终于结束了。

第五节　第三次英荷战争

第二次英、荷战争结束后不到 3 年，又爆发了第三次英、荷战争（1672～1674 年），第三次英荷战争实际上并不仅仅是英荷两国间的战争，而是一场扩大的国际战争，参战的还有欧洲一些主要国家，如法国、丹麦、瑞典、西班牙等。

法王路易十四企图并吞荷兰，进而称霸欧洲大陆。他向英王查理许诺，打败荷兰后，将荷兰的瓦尔海伦岛、布里尔城和卡赞德城并入英国。查理经不往诱惑，于1672年借口荷兰的一幅画侮辱了英国人，突然袭击荷兰海军，从而拉开了第三次英、荷战争的序幕。这场战争从一开始就遭到英国议会的反对。英国资产阶级认为，实力膨胀的法国才是英国真正的敌人。

英国海军表现不佳。6月初，英、法1672年3月，英国在没有宣战的情况下对荷兰商船队发动的袭击。英国海军拥有12艘战列舰以及6艘小型战舰，荷兰仅有5艘战舰为72艘商船（按：其中有24艘是武装商船）护航。荷兰舰队司令哈恩坚决与优势英国舰队周旋，终于抵挡住了英国舰队的攻击。在被击沉1艘、被俘虏3艘商船的情况下，大多数荷兰商船还是安全抵达了目的地。

6月7日，德·奈特指挥荷兰舰队（大约130艘战舰，其中大型战舰为61艘，4500门炮和2.1万名水兵）偷袭泊于英国东南部索尔湾的英法联合舰队。当时港内泊有联合舰队的各类船只150多艘，其中有45艘英国战舰和26艘法国战舰，其余的多为小型船只、运输船只或是后勤补给船只等，估计有5100门火炮以及3.3万人。

荷兰舰队抢得先机，不但事先在港外布置了封锁线，更在战初利用涨潮放出纵火船，造成联合舰队陷入混乱。在荷兰舰队的炮击之下，英国舰队指挥官约克公爵凭借其出色的军事手腕，很快控制住了形势。英舰在一时的混乱之后，迅速编成队形出港迎战。而法国舰队则不愿意消耗己身的实力，只居片隅远射作势，观英荷双方近距离炮战虎斗。战略十分激烈，自中午至暮后。英国损失了 4 艘战舰、2500 多人；荷兰则损失了 2 艘战舰、2000 多人。据说英国后卫舰队指挥官桑德威治与荷兰后卫指挥官范根特中将均在战斗伊始即告阵亡，但总体来说，此役就战术层面而言，双方各无重大建树。

然而，这次海战所带来的战略意义却是不容忽视的。荷兰先发制人的进攻不但粉碎了英国对荷兰本土入侵的计划，也使得普鲁士打算从陆地侵入荷兰的企图落空。

此役之后，荷兰舰队依旧贯彻自己先前的战略思想、战术方针。而英法方面则蠢蠢欲动：1672 年 7 月，英法联军因为陆上作战不利，遂打算利用联合舰队运送了一支强大的登陆部队企图强行登陆荷兰西北部的战略要冲特塞尔岛，以便建立前沿基地，进攻荷兰本土。但由于有德·奈特舰队的侧翼牵制，计划宣告破产。

1672 年 8 月，威廉三世在此存亡之秋，担任了荷兰国家元首。他积极展开外交活动，终于在 1673 年的春天争取到了奥地利和西班牙的支持。但几乎同一时间，普鲁士则同法国签定了盟约。战争的规模得到了扩大。

1673 年 6 月 7 日，英法舰队再次集结了舰队输送陆军，打算登陆荷兰本土。德·奈特率由 89 艘军舰，其中有 52 艘战列舰组成的荷兰舰队迎战。英法联军大致拥有 127 艘各类船只，其中包括 54 艘英国战列舰和 27 艘法国战列舰。英法联军数量占优，但登陆计划未能立时实现。双方在各自损失了一些小型船只之后，撤离战场。

在第 1 次库内维尔海战后，仅仅过了七天，双方舰队又一次展开了交锋。但这一次进攻是荷兰方面主动发起的：德·奈特趁着风向突变，荷兰舰队占了上风，杀入联军阵内，迫使英法舰队仓皇撤退，英法的此次登陆计划遂不了了之。

1673 年 8 月，英法舰队又一次纠集势力，企图登陆特塞尔岛。约摸 2 万陆军集结在英国，第一梯队 1 万人登舰，在鲁珀特亲王的率领下驶往荷兰。这一次联合舰队准备充分，不但坐拥 120 艘舰船（其中主力舰 90 艘、纵火船 30 艘）（按：一说 92 艘战列舰、28 艘纵火船、23 艘辅助船），将联合舰队分编为三个分队：鲁珀特亲王指挥之下的中央分舰队；德埃斯特雷指挥之下的法国先头舰队；斯普拉格指挥之下的后卫分舰队，更仔细研究了德·奈特的战术，并制定了相应的对策。

荷兰舰队事先得报，德·奈特亦将麾下舰队分编为三个分队：他本人指挥之下的中央分舰队；班克特指挥之下的先驱舰队；小特罗普指挥之下的后卫分舰队。但荷兰方面仅拥有 75 艘主力舰和 30 纵火船（按：一说 75 艘战列舰、15 艘巡航舰、18 艘侦察通信舰、22 艘纵火船），实力对比上明显弱于英法联合舰队。

21 日夜间，德·奈特指挥舰队利用风向成功插入敌方舰队与海岸之间的缝隙。拂晓时分，主动向英法联军发动进攻。于是双方三个分舰队非常有趣地捉队撕杀，皆是一面南移一面相互用炮火应酬。尽管英法联军兵力占了优势，但荷兰水兵士气高昂，双方战斗可谓空前激烈。德·奈特与英将拉帕尔 3 次更换旗舰，仍英勇作战。但首先打破僵局的却是双方的前卫分队：法国分舰队的水兵训练很差，作战消极，而且有一旦部分军舰受创后便忙于修理，不再参加战斗的陋习。指挥官德埃斯特雷本意图以数量上的优势包围班克特分队，但结果班克特突破了舰队的战列线，使得法国分舰队全面陷入了混乱。或许是考虑到为了保存实力，法国分舰队就此退出了战斗。于是班克特在留下部分船只监视法国人的情况下，率领余下战力前往援助德·奈特率领的中央分舰队。原本英国的鲁珀特亲王打算将适于浅海作战的荷兰舰队向西引向深海，但此时后卫舰队交战的激烈程度引起了双方中央分舰队的注意：英国分舰队指挥官斯普拉格在两次转换旗舰之后殉职。鲁珀特亲王与德·奈特双双率领麾下分舰队赶来支援己方的后卫舰队，而班克特指挥的荷兰前卫舰队也加入了战斗。这场海战一直持续到了晚上7点，夜幕降临之后英方认为登陆作战无望，遂退出了战斗。此役双方都未有战舰被击沉，但严重受创的船只不计其数。英法联军损失了2000多人，荷兰方面伤亡了1000多人。此役后，荷兰暂时消除了海上威胁，取得了制海权，大批东印度公司护航船安全返回。

第三次英荷战争最后一次海战——特塞尔海战

战后，鲁珀特亲王声称：“法国舰队对这次失败应负全责。”而英国历史学家坎·贝尔曾高度评价了荷兰在这场海战中的成功：“荷兰，因其舰队司令精明强干，使他们在这次战斗中取得了巨大的成就。他们使完全被封锁的港口重新开放并战胜了一次可能的入侵，而使敌人放弃了所有入侵的思想。”

无论如何，特塞尔海战结束了荷兰和英国之间为了控制海洋所进行的一系列旷日持久的战争，却也导致了英法两国同盟的破裂。海军的失利与法国的日益强大，使得英国资产阶级对政府参加法荷战争倍感不满。在议会做出削减军费的决议后，英国海军无力再封锁或入侵荷兰，于是英国国会通过了与荷兰单独媾和的决议。

1674 年 2 月，英荷双方签定了《威斯敏斯特和约》，恢复了战前状态。和约规定 1667 年两国签定的《布雷达条约》条约继续有效，荷兰同意给英国 80 万克伦，承认英国在欧洲以外夺取的原荷兰领地的所有权，英国则保证荷法战争的中立。在此之后，荷法战争依然持续。同年 4 月，德·奈特在一次交战中身负重伤逝世，而法荷战争一直拖到了 1678 年才宣告结束。

尽管荷兰海军取得一定的胜利，但是，荷兰在资本主义发展中落伍了。《航海条例》的限制和连绵不断的战争加速了荷兰的衰落。荷兰的工业生产日趋下降，呢绒，17 世纪中叶年产 12 万匹，到 18 世纪末仅为 3 万匹；造船数量，18 世纪也减为原来的 1/10 至 1/15，17 世纪中叶，每年出海的渔船是 1500 ~ 2000 艘，18 世纪中叶不过是 200 艘。18 世纪，荷兰资产阶级在贸易中丧失了一个又一个的阵地，逐渐变得仰赖其他国家，首先是依靠英国借给的资金。从此“海上马车夫”把海上霸权让给了英国，沦为欧洲二流国家，英国则成为新的海上霸主。

第五章

俄罗斯的温水海洋之梦

第一节　突破重围

17 世纪以前，俄国一直都是一个大陆国家，从黑海到波罗的海都受到列强的包围：北方是瑞典；西方是波兰、立陶宛，它们背后有奥地利哈布斯堡王朝撑腰；俄国的南方是奥斯曼土耳其。当西班牙、葡萄牙、英国、法国、荷兰仰仗舰队在海外开拓庞大的殖民地时，俄国竟然连一个出海口都没有。

这种境况使得通过政变成为俄罗斯统治者的彼得大帝忿忿不平，他决定南北齐下，一定要冲向海洋。

彼得大帝

彼得是俄罗斯海军的创始人，1672 年 5 月 30 日生于莫斯科。彼得性格威严粗鲁，在位时干过许多轰轰烈烈的事业，用毕生精力来实现自己的万丈雄心：不借一切代价，一定把落后封建的俄罗斯变成一个半欧洲化的强大帝国。

彼得决心坚定，他化名遍游欧洲，并且亲自到英国造船厂学习。回国后多次变法，强迫俄国贵族学法文，换掉老式的俄国长袍，采用西方先进技术，一心跟上西欧资本主义的步子。

在南方，彼得大帝首先驱使查波罗什和顿河的哥萨克人南下，顺第聂伯河、顿河到达黑海和亚速夫海。哥萨克们蛮勇剽悍，他们驾驶一种叫"海鸥"的轻帆船和顿河平底船频频袭击土耳其人，甚至远达君士坦丁堡。1696 年，在俄国陆军压力和海上封锁下，土耳其的亚速夫要塞失守。1700 年 7 月，根据俄土和约：黑海和亚速夫海对俄国人开放。该和约有效期为 30 年。

在南方边境获得安定以后，彼得转身向北疆进发。为了争夺波罗的海出海口和北方领土，彼得大帝和瑞典国王查理十二进行了历时 21 年之久战争，历史上称"第二次大北方战争"。

查理十二登基时，只是个 16 岁的孩子。包括彼得在内的欧洲君主们谁也不把他放到眼里。1700 年 10 月，彼得和俄国元帅哥罗芬率领 4 万军队攻占波罗的海要塞纳尔瓦。俄国人正庆功贺喜时，查理十二率 8000 名瑞典军队向俄军发动突然袭击，俄军惨败。第二年，查理十二攻占波兰。1702 年，彼得率俄军大举反攻，在波罗的海沿岸击溃瑞典军队。1703 年 5 月 16，彼得大帝下令大兴土木，在紧贴芬兰湾的涅瓦河口建立圣彼得堡。这个建筑在沼泽、冻土和森林中的帝俄京城，就是苏联时期的列宁格勒。离它不远的科特林岛上的喀琅施塔得要塞是俄国波罗的海舰队基地。

1707 年，查理十二率领瑞典军团大举入侵俄国。战火烧了两年。1709 年夏天，俄军在波尔塔瓦战役中大败瑞典军。查理十二狼狈逃亡至土耳其。

1711 年 3 月，彼得对土耳其宣战。俄国皇帝御驾南征，在摩尔达维亚的普鲁斯河畔，俄军遭到土耳其重兵围困，被迫签订城下之盟：俄国放弃

查理十二

亚速夫海；从南方边境撤军。彼得的南下战略破产了。

军事上的受挫，使彼得意识到必须要建立一支强大的海军。俄国皇帝把意图变成行动，当崭新的俄国波罗的海舰队出现后，彼得对芬兰湾和波的尼亚湾的征服便变成了坦途。

芬兰湾是俄国头一次夺占的入海口。海洋那迷人的蓝色波涛激发着彼得要在它上面一展宏图。彼得堡海军部造船厂和斯维尔河口造船厂热火朝天的赶工，终于给俄国君主建造了一支大舰队。舰队主力是48艘三桅战列舰，还有787艘小船。其中有一种是适合浅水作战的小型帆桨两用船，有农奴划手操动36只巨浆。它在阔海上航行作战已经完全过时。然而在浅滩密布，礁石如麻的波罗的海芬兰湾还挺适用。它们组成了有特色的礁区舰队。

1714年，俄国海军企图跨海攻击斯德哥尔摩。7月，瑞典舰队集结在汉科半岛附近的海面上截击俄国舰队。瓦特朗格海军上将指挥威风凛凛的瑞典战舰在波的尼亚湾入口的开阔水面上等待俄国人。彼得大帝善用计谋，使用分兵诱敌战术。他佯称将在汉科半岛上架起陆桥，把大桡舰队（即桨帆两用的小型战舰）从陆地上拖过半岛，然后它们将在波的尼亚湾的礁区作战，瑞典吃水深的风帆战舰在那里奈何不了它们。

瓦特朗格上将中计了。他根据错误的情报作了部署：分出一支舰队去封锁汉科半岛最窄处的海岸，一旦俄国舰队从陆地下水就消灭它们。岂料瑞典海军一分兵，彼得的礁区舰队就冒险从海上冲过汉科。彼得的舰队分成两支：一支在阔海航行尽量诱开瑞典海军；另一支大桡舰队紧贴海岸，在很浅的水中划过礁石区。结果两支舰队损失都很小。

封锁陆地的瑞典人正眼巴巴的守着海岸，等待想象中的俄国舰队。没想到俄国舰队会从海上过来包抄了自己后路。不一会儿，那支瑞典分舰队就被封锁在礁石浅水区。适于阔海作战的瑞典生力舰队因水浅，无法支援自己的同伙。俄军打了一场旧式的接舷战，依靠兵力众多占了上风。瑞典分舰队投降了。这是俄国海军史上的第一次大胜利。

针对汉科海战取得的胜利，彼得大帝留下了一句名言："任何君王，如果只有陆军，他就只有一只手。加上海军，他才是双臂齐全。"

西方列强惊讶地发现：俄国熊开始在浅水中试爪牙了，不久它就要真正下海。

汉科海战胜利后，俄国海军正式开始了他们迈向大洋的道路，尽管历届沙皇政府更迭，外交政策花样翻新，但取得温水海洋控制权，始终是俄罗斯帝国海军战略永恒不变的北极星。

第二节　梦想成真

彼得大帝去世后，俄国女皇叶卡德琳娜二世着手把他的梦想变成了现实。

1768 年，俄土战端重开。俄军三路南下，侵入多瑙河沿岸。克里米亚和高加索的土耳其领地。俄国波罗的海舰队绕过北海、大西洋，穿过直布罗陀海峡，准备偷袭土耳其的地中海分舰队。

6 月 24 日，早晨的阳光洒在爱琴海东岸开俄斯岛的树林中。驻扎在切斯梅附近的土耳其舰队正在早操，一名观察兵突然在桅楼上发出了尖急的警报，引起开俄斯海峡中土耳其舰队的极大恐慌。当时，土耳其徒有老大帝国虚名，封建制度非常腐朽落后。它的舰队主要执行镇压帝国境内民族起义的警察任务，对外战斗力很弱。

俄国舰队由海军上将格·斯皮里多夫、奥尔洛夫、格列率领，排成线性纵列进入开俄斯海峡。其前卫是仿英式的 3 艘火力强大的战列舰"欧洲"号、"耶夫斯塔菲"号、"三圣徒"号，中央和后卫也各有 3 艘战列舰。俄国海军一直根据英国战术进行操演，逼到离土耳其军舰很近的距离上，突然猛烈开炮。当时土耳其军舰离岸仅 1 千米，许多船甚至来不及起锚，整个舰队乱拥在一起难于机动。

俄军旗舰"耶夫斯塔菲"号和战列舰"欧洲"两面夹击土耳其旗舰

“列阿勒·穆斯塔金”号，把它打得烟火冲腾。俄军又对它展开一场勇猛的接舷战，最后“列阿勒·穆斯塔金”号被焚毁。土耳其海军司令哈隆恩·巴依泅水逃上岸。遭到突然打击后，残存下来的土耳其军舰撤入伊兹密尔湾。

伊兹密尔湾内的伊兹密尔城是土耳其最繁华的都市之一。它筑有坚固的要塞并装了海岸大炮，如果直接进攻势将难以取胜。俄国舰队开到伊兹密尔港外，根据土军设防情况使用了纵火船。俄国海军上尉伊里宁指挥纵火船队。6 月 25 日夜深人静时，4 艘俄国纵火船潜入海港。俄国战列舰“欧洲”号也随队冲入海湾，和另外几艘俄国战舰一起猛烈炮击港口。夜间激烈的炮击吸引了土耳其炮台火力，使土军未能注意到纵火船。

伊里宁上尉突然点燃了纵火船，立刻烧毁了一艘 84 门炮的大型土耳其战列舰。其它土军船舰看到纵火船也陷入混乱中，在狭窄的海湾内，土耳其军舰互相碰撞，有的被俄舰击中起火，许多土军水兵纷纷游到岸上，把军舰抛弃，任凭俄国人炮击。在切什梅和伊兹密尔湾两次海战中，据统计（俄方资料）：土耳其海军损失了 15 艘战列舰、6 艘巡洋舰和 50 艘小船。

伊兹密尔海战虽然重创了土耳其人，还是未能解决俄国的亚速夫海和黑海的出海口问题。在它以后的 20 年里，俄罗斯帝国的南侵狂潮汹涌不息。一直到 1792 年俄土签订雅西和约，俄国割去了黑海北岸的大量土耳其领土为止。这期间，许多俄国海军统帅为沙皇政府立下了赫赫战功。其中乌沙科夫海军上将是最著名的俄国海上英雄。

乌沙科夫海军上将在 1787～1791 年的俄土战争中指挥过多次海战，在战术上很有创新。乌沙科夫常常在军舰和火炮处于劣势时投入战斗，猛扑土耳其舰队并将其击败。在1788年的菲多尼西海战、1790年的刻赤海战和加德日别依海战中，他都曾以少胜多。使他在土耳其人中有“乌沙可·巴萨”之称（土耳其人称其统帅为“巴萨”）。卡利阿克拉海战是乌沙科夫胜利的顶峰。

乌沙科夫

1791年7月31日，正逢穆斯林的节日。土耳其舰队在黑海的卡利阿克拉海角抛锚休息。许多水兵登岸和居民欢度节日。土耳其舰队司令萨阿德·阿里巴萨指挥这支舰队，它包括78艘战舰，原属于阿尔及尔地中海舰队。阿里巴萨经验丰富，素有“海上雷神”的大名。这回他把锚地选在海岸要塞大炮射程内，采取炮台保护。风向是从陆地向海洋吹，俄国舰队将处于逆风进攻的不利位置。阿里巴萨安顿好舰队后，放心的给水兵们放了假。

7月31日下午，乌沙科夫带领16艘战列舰、2艘巡洋舰和21艘小船来犯。俄军黑海舰队顶风抢水而行，向只顾寻欢作乐的土耳其海军发动突然袭击。

乌沙科夫的舰队从阿里舰队和海岸之间的浅水区穿过，冒着零乱的海岸炮火占据上风位置。接着，乌沙科夫把舰队分成三个纵队冲入土耳其舰队。大部分土耳其军舰被俄军的大胆行动吓呆了，尚没拔锚就遭到俄军炮击。岸上过节的水军眼看着军舰被焚毁，手足无措。由于乌沙科夫没有采用传统的横列侧舷炮战法，缩短了攻击时间，发挥了两舷炮火的威力，收到奇袭效果。土耳其军舰仓促之间无力还击，纷纷砍断锚链逃跑。阿里巴沙在炮战中负重伤，他的旗舰也受伤，在2艘战列舰和2艘巡洋舰保护下，狼狈逃到君士坦丁堡（今伊斯坦布尔）。缠满绷带的“海上雷神”由士兵抬在担架上向土耳其苏丹王请罪。

卡利阿克腊角（在今保加利亚巴尔奇克城附近）海战使土耳其丧失了黑海东部制海权，战局急转直下。苏丹王被迫签订了丧权失地的雅西和约：从德涅斯特河到诺沃罗西斯克之间的黑海北岸大片土地归属俄国，黑海对俄国舰队开放。

18世纪最后几年到19世纪初，欧洲的封建君王们先是联合起来扑灭法国大革命，后来又结盟对抗拿破仑·波拿巴。俄国沙皇是反法联盟中的急先锋。俄国军队戴着“欧洲宪兵”的“桂冠”。

1798～1800年间，俄国陆军统帅苏沃洛夫率大军翻越积雪的阿尔卑斯山，进入意大利北部。乌沙科夫海军上将率领俄军黑海舰队通过爱琴海闯入爱奥尼亚海。他指挥俄国海军陆战队在战略要地科孚岛登陆。经过3个月的围攻，俄军占领了科孚岛坚固的要塞。连百战百胜的苏沃洛夫也对乌沙科夫的战果羡慕不已。他在给海军上将的信中写道：“乌拉！胜利属于俄国舰队！……现在我要问自己，为什么攻占科孚岛时我连个海军准尉都不是呢?”

拿破仑战争中，土耳其站在法国一边。俄国分舰队一直呆在地中海。乌沙科夫的学生谢尼亚文海军中将率领这支俄军舰队和土耳其海军继续作战。

1807年5月，俄国地中海舰队封锁了达达尼尔海峡南端出口，引起土耳其苏丹恐慌。他命令土军舰队冲出海峡与俄军决战。5月10日，土耳其主力舰队和谢尼亚文的俄军舰队在达达尼尔海峡附近激战。土耳其舰队无

苏沃洛夫

法突破俄军封锁，被迫退回海峡。

1807年10月，谢尼亚文舰队在伊姆罗兹岛附近再次和土耳其分舰队炮战。谢尼亚文在旗舰“坚毅”号上指挥，俄国舰队全部采用抵近射击战术，使土耳其战舰遭到毁灭性打击。土耳其人损失3艘战列舰、4艘巡洋舰、1艘小船，土军主力舰队再次撤回海峡。这次海战是许多年内帝俄海军在地中海的最后一次战斗。

1807年，俄皇亚历山大和拿破仑在尼门签署季铁尔西特和约，俄国武装力量和舰队根据条约撤出了地中海地区。直到1827年，俄国舰队才又出现在地中海，和英国、法国舰队联合起来，进行了纳瓦里诺海战。

19世纪20年代，饱受奥斯曼帝国压迫的希腊人民，爆发了大规模的起义。1825年，土耳其苏丹穆哈默德派遣埃及军官残酷镇压起义者。希腊起义获得欧洲进步舆论的广泛同情，连英国大诗人拜伦也在希腊米梭基隆要塞保卫战中献出了生命。英、法、俄国统治集团都想从巴尔干为自己谋取利益，便借援助希腊起义为名，从奥斯曼帝国那里给自己捞油水。1827年7月，三国签署伦敦条约，宣布支持希腊独立，英、法、俄三国又各自派出自己的地中海分舰队联合对土耳其作战。

当时，英国舰队有4艘战列舰、4艘巡洋舰和4艘小船，法国海军有4艘战列舰、1艘巡洋舰和2艘小船，舰队司令是德·李格尼海军中将；俄国地中海分舰队由赫顿海军中将指挥，有4艘战列舰和4艘巡洋舰。英国是海上老大，所以联合舰队司令由英国地中海舰队司令爱德华·科德林顿

纳瓦里诺海战（绘画）

爵士兼任。

1827年9月，科德林顿的英国舰队在希腊西海岸外的纳瓦里诺湾发现了土耳其舰队。奥斯曼舰队是土耳其海军上将易卜拉欣·巴萨指挥的，共有战列舰7艘、巡洋舰15授、炮船26艘、小船17艘。

9月25日，英法舰队汇合后将土耳其舰队封锁在海内。10月13日，俄国舰队赶来编入联合舰队序列。当时，尽管土耳其苏丹已经拒绝了英、俄、法等国的最后通牒，可是易卜拉欣·巴沙对战况没有把握，不想承担首先开火的责任。他把舰队留在锚地，加强海岸要塞大炮的警戒。由于，土军战争不义，水兵士气低落。许多希腊籍雇员纷纷逃跑、怠工。有一个在埃及军队（属土耳其联军）服役的法国军官向联合舰队投降，他详细报告了进入海湾直抵土耳其舰队锚地的复杂水路。英国海军上尉托马斯·弗洛斯乘“达特默斯”号军舰抢先冲入纳瓦里诺湾，遭到土耳其舰队的炮击。按着，其余英舰、法舰和俄舰也一齐冲入海湾，采用一对一的打法向土耳其和埃及联合军舰开火。激烈的炮战打得天昏地暗，长达 4 小时之久。

英、法、俄军舰都采用先进工业技术装备，火力强大，结构坚固。而土耳其的军舰陈旧过时，不堪一击。炮战结果，3/4 的土耳其、埃及军舰惨遭轰沉、残余舰艇逃到海上。土军损失计有：战列舰 1 艘、巡洋舰 12 艘、炮船 22 艘，水兵战死 4000 人。联合舰队损失轻微。这也是木质帆舰在地中海的最后一次大海战了。

纳瓦里诺海战的结果产生了亚得里亚堡和约，土耳其承认希腊独立。1829 年，希腊这个文明悠久的古国经过几世纪黑暗后获得了自由。同时，纳瓦里诺海战也是沙皇俄国在地中海上海军行动的回光返照。

第三节　腐朽下的没落

19 世纪 50 年代，沙皇政府越来越腐朽，成了欧洲反动势力的总靠山，在外交上也十分孤立。于是，沙皇尼古拉一世愚蠢地指望发动对外侵略来缓和国内尖锐的阶级矛盾。

1853 年 7 月，俄军渡过普鲁特河，占领了奥斯曼帝国境内的瓦拉几亚和摩尔达维亚。该年 9 月，英法舰队进入马尔马拉海，不久就在博斯普鲁斯海峡下锚。10 月 15 日，土耳其政府在俄军拒绝撤出的形势下对俄宣战。一个月后，俄国黑海舰队袭击了黑海沿岸的土耳其海军基地——锡诺

尼古拉一世

普港。

1853年11月11日，俄国海军上将纳西莫夫率领黑海舰队的5艘战列舰到达因杰角。纳西莫夫冒着风暴在锡诺普海军基地找到一支土耳其舰队，港中有7艘重巡洋舰、3艘轻巡洋舰、4艘运输舰和2艘蒸汽机船。纳西莫夫因2艘本国战列舰在风暴中损坏未敢贸然进攻。5天后，他等来了5艘从塞瓦斯托波尔开到的俄国战列舰。纳西·莫大舰队的火力占了优势，他决定发动攻击。

1853年11月18日中午，纳西莫大的旗舰冲入锡诺普湾，在大炮射程内收帆抛锚，使用全部侧舷炮瞄准土军开火。俄军在锡诺普海战中首次使用爆破弹。虽然当时的爆破弹尚属早期，要用延时导火索来引爆，但它比实心弹的威力大多了。尤其对付木质军舰，爆破弹有惊人的摧毁力。

纳西莫夫经验丰富，参加过纳瓦里诺海战，对土耳其海军战术了如指掌。他打仗很勇猛，俄军在他指挥下士气格外高涨。4小时的炮战结束了。土耳其军舰被封锁在港口中无法逃走，损失军舰13艘，官兵死伤3000人。土耳其舰队司令奥斯曼·巴沙被俘。俄军战舰在炮战中也有损伤，但总算挣扎着都回到塞瓦斯托波尔。锡诺普海战是俄军黑海舰队自成立以来最体面的一次胜利。

从锡诺普港唯一逃出的土耳其蒸汽船“塔伊夫”号将失败的消息报告了君士坦丁堡。当时，英法舰队正在博斯普鲁斯海峡演习，听到土耳其海军惨败战况深为震惊。如果英法舰队不开入黑海，俄国海军将完全掌握黑

纳西莫夫海军上将诞辰200周年纪念邮票

海制海权，在失去海上交通补给的情况下，土耳其陆军将无力继续战斗。英、法统治者本来只是给土耳其撑撑腰，这下子，只有站到台前亲自动手了。

1854年3月，英、法政府和俄国绝交。4月10日，法国舰队司令加木赖海军上将和英国海军司令顿达斯海军上将分别率本国舰队驶入黑海，一场大国间的血战已无法避免。

历时两年的克里米亚战争，基本上都是陆战。英、法、土联军和俄军反复厮杀，双方血流成河。黑海上却风平浪静，一度气势汹汹的俄国舰队虽然兵力庞大，可是龟缩在塞瓦斯托波尔的港湾里不敢出战。

虽然黑海舰队主力是14艘战列舰、6艘巡洋舰和11艘蒸汽机船，足可以打一场洋洋大观的海战，但是，工业革命给海军技术带来的变化，使黑海舰队中的木质风帆战舰一夜之间就沦为博物馆里的古董。

1690年，法国物理学家丹尼斯·帕平曾提出了把蒸汽做为船舶动力的想法，被造船师当成无稽之谈，因为当时风帆在海上正是兴盛时期。一个世纪后，英国默默无闻的钟表匠乔纳森·赫尔斯公开发表了他设想的蒸汽拖轮图纸。1783 年，法国达班侯爵造了一条叫“比罗斯卡未”号的蒸汽船，它全长40 多米，使用明轮，虽然也能溯萨万河而上，但是其高昂造价让人望而却步。7 年后，一位美国人约翰·费希异想天开用自己的蒸汽船在德拉威河上开辟客运航线。可是他设计的汽船也只是用蒸汽机推动明轮代替划桨，效率低，故障多。

后来，美国发明家罗伯特·富尔顿汲取了前人的经验教训，他采用了英国工程师威廉·弗劳德的水池和船模实验方法，来实验各种明轮、螺旋桨和水阻小的船体。他在法国赛纳河上试验了两艘蒸汽船。1803 年，富尔顿的蒸汽船还粗笨不堪，逆水航行仅及行人步。

到了 1807 年，发明家富尔顿的试验进了一大步。8 月 17 日，140 英尺（1 英尺≈0.3 米）长的“克勒蒙”号汽船在纽约的哈德逊河上破浪前进，两岸行人为之咋舌，富尔顿在自己的汽船上挥动着帽子。新的航海时代开始了，真正的蒸汽船来到了世界上。

不久，富尔顿的突破口被迅速扩大。美国发明家约翰·史蒂文斯在汽船上安装了两具反向旋转的螺旋桨，消除了单桨产生的横偏。英国人在全铁的汽船“大不列颠”号上装了螺旋桨，它在处女航中打破了船只横渡大西洋的纪录。1845 年，英国海军部特意安排了一场拔河赛：两条 800 吨级、200 马力的汽船向相反方向“拔河”。结果，螺旋桨推进的轻巡洋舰“响尾蛇”号胜了明轮推进的汽船“爱里克托”号。从而一举奠定了螺旋桨在航海中的地位。1862 年后，明叶轮退出了海洋，只供内河船用，不久，就进了博物馆。

1854年4月30日，一艘英国机帆巡洋舰“老虎”号在黑海城市奥德萨搁浅，被俄国人缴获，俄国海军技术人员深入研究解剖该船后，才知道俄国在蒸汽机动力和造铁壳船技术方面比西方落后了许多。1848年，即著名的拔河赛3年后，第一艘俄国螺旋桨战舰“阿基米德”号才从船台上下水。俄国黑海舰队中大部分是木质帆舰，只有“弗拉基米尔”号等少数蒸汽舰，而且使用时是明轮。英法黑海舰队中有18艘蒸汽巡洋舰，大部分是航速很快的铁壳螺旋桨船。

熟通兵法的纳西莫夫海军上将分析了敌我实力对比，驳斥了请求黑海舰队出港决战的众议。在英法舰队压倒的海上优势面前，俄国海军忍痛把7艘军舰凿沉在通向塞瓦斯托波湾的水道中，用战列舰当了阻塞船。黑海舰队其余军舰上的大炮也被拆下来装到要塞上。黑海舰队的水兵们登岸，他们将和要塞卫戍部队一起作战，与黑海舰队基地共存亡。1854年9月10月，黑海舰队的战舰沉到水底了。此刻，英法联军已在塞瓦斯托波尔北方的耶夫帕里尼登陆一周，惨烈的塞瓦斯托波尔保卫战开始了。

塞瓦斯托波尔攻防战是整个克里米亚战争的核心。因为英法联军的目标就是铲除这个要塞，把他们非常恼火的俄国黑海舰队连根拔掉。这场血战历时349天，俄军卫戍部队和黑海舰队水兵打得英勇顽强，双方损失异常惨重。整个战役大致分为四个阶段。

第一阶段是英法联军在阿尔马战役中逐退俄军，然后进逼塞瓦斯托波尔城下，并于1854年10月6日炮轰该城。联军舰队所有军舰都参与炮击，给守军造成很大损失。这一阶段联军伤亡也不小。联军舰队在炮战中也暴露了弱点：明轮、木质军舰在要塞炮火下生存力脆弱，英军旗舰“不列颠”号、战舰“亚尔宾”号、“康伯利”号、“斯派特弗尔”号和法军旗舰“巴黎”号等均被击伤；英法海军伤亡500余人。黑海舰队司令、塞瓦斯托波尔要塞参谋长、俄国海军上将科尔尼洛夫在马拉霍夫高地上阵亡。俄军虽然在精神上蒙受了打击，终于还是顶住了联军炮轰并且实施了反攻。10月24日，俄军在英开尔曼棱堡的反攻达到了战争高潮：由于联军1200英尺射程的来复枪远优于俄军300英尺射程的滑膛枪，俄军损失近万人后，反攻失败。俄国汽船“弗拉基米尔”号、“赫尔松涅斯”号用炮火掩护俄军退回要塞主阵地。联军经过血战，意识到俄军还有相当实力，一时难于攻克，转而采用封锁围困战略。

第二阶段是秋冬两季的围困。联军艘队获得黑海制海权后，联军陆军从海上补给便利。俄军的运输线是恶劣的土路。1854年冬天冷得可怕。俄军利用刺刀白刃战发动一些小股袭击。两军冻病减员很大，没有大战斗发生。

第三阶段是1855年春天联军进攻，从3月起，联军发动了大规模炮击和地面进攻。由于俄军缺少弹药，进攻取得一定进展。联军在地面进攻中损失很多，尤其是在6月6日的进攻中伤亡惨重。泊在港口内的黑海舰队剩余军舰给予守军一定的炮火支援。

第四阶段是整个战争中最激烈、最残酷的阵地攻坚战。联军接受教训，意识到马拉霍夫高地是塞瓦斯托波尔防御中的核心，于是倾动全力猛攻该高地。6月28日，继任的要塞司令、著名俄国海军将领纳西莫夫在马拉霍夫高地上阵亡，俄军士气下降。联军的轮番围攻达2月之久。海上舰队也集中火力轰击城区，瓦解守军抵抗意志。1855年8月26日，马拉霍夫高地失守，塞瓦斯托波尔的命运已经注定了。一天后，俄军守备部队撤出满是烟火和废墟的要塞。

1855 年克里米亚战争中塞瓦斯托波尔保卫战纪念铜像

克里米亚战争期间，英法联军的舰队还进行了其他一些海军行动，炮击黑海沿岸的俄国城市一只由 100 艘军舰组成的英法联合舰队闯入波罗的海企图袭击俄国舰队，遇到俄军敷设的水雷，4 艘军舰沉没；在太平洋方面，一支英法联合舰队进攻了太平洋岸边的俄军要塞彼得巴甫洛夫斯克，没有成功；单艘的英、法战舰还在白令海和巴伦支海上对俄国人进行了炮击和登陆。

由于塞瓦斯托波尔的陷落，俄军南方战线崩溃。1856 年 3 月，各交战国签订了巴黎和约，不可一世的沙皇俄国战败了。和约条款中最重要的内容就是禁止俄国在黑海拥有舰队。一个多世纪以来，历代沙皇所做的通向温水海洋的幻梦破灭了。

通过战败，俄国人民清楚的看到了沙皇政府的腐朽和落后，只有通过革命才能结束俄国的封建农奴制度，如果说克里米亚战争有某种意义的话，那就是它唤醒了俄国的革命党人。

第六章

英法海上角逐

第一节　革命的风暴

18 世纪的最后几年，资产阶级民主革命的风暴在欧罗巴扫荡，它的风源在法国巴黎。1789 年，一群“长裤汉”们打倒国王，公布“人权宣言”。三年多后，他们又堂堂皇皇地把法王路易十六送上断头台。1500 年的法国君主制终结了，狂飙般的法国大革命开始了。许多英雄人物在巴黎的政治舞台上表演：勇敢的丹东、“人民之友”马拉、高居在雅各宾党“山岳派”顶峰的罗伯斯庇尔，他们在台上时如星辰一样灿烂，可又像流星似的迅速陨落。全欧洲的国王和皇帝联合起来反对革命，巴黎开玩笑地把他们全打败。

法国大资产阶级窥视着革命成果，他们发动热月政变把雅各宾党人淹没在血泊里。1795 年 9 月，资产阶级督政府的头子巴拉斯任命一位青年将军，责成这个抑郁沉闷的军官镇压极右翼叛乱。葡月 13 日，他用大炮把政变者轰得粉碎，谁也梦想不到，将来的欧洲竟会处在这位青年将军的炮口之下，巴拉斯无意中打开了潘多拉的灾祸之匣，从里面飞出了名震世界的怪杰——拿破仑 · 波拿巴。

拿破仑是一位出色的陆军统帅，他一生中亲自指挥的战役全是在平原和山岳进行的。但他和海洋也有缘份。1793 年 12 月，年仅 24 岁的炮兵中尉拿破仑在土伦战役中一举成名，他用巧妙布置的大炮猛轰英国海军地中海分舰队，拿下了法国南方最重要的港口要塞。1798 年 5 月，怀着模仿亚历山大大帝雄心的拿破仑指挥 35000 人的军队，乘 300 艘战舰渡海远征埃及。这种孤注一掷的行动是拿他的全军性命同皇家海军赌注。但是，拿破仑赢了，他顺利渡海打下了埃及。正逢春风得意，英军地中海舰队司令纳尔逊却在尼罗河口的阿布基尔湾找到了掩护拿破仑的法国舰队。纳尔逊，1758 年生于英格兰诺福克，后来成为世界上最著名的海军统帅。

拿破仑·波拿巴

阿布基尔是距亚历山大港 23 千米的一个小渔村。1798 年 8 月 1 日，纳尔逊的地中海舰队发现法舰时，天色已近黄昏。法舰停泊在一片浅滩旁边，一边靠沙滩，一边倚海岸，正好堵在航道上，使敌舰无法插入。纳尔逊分析：航道起码得留下首舰转身的空隙，于是他打破夜间不能作战的惯例，下令攻击，英舰队从法舰和浅滩之间插入，紧贴着法舰开炮，法舰遭突然袭击，异常惊骇，仓促还击。除了 5 艘舰穿插外，其余 9 艘英舰从大海方向开炮射击。夜海之中，到处响着隆隆的炮声，腾起桔红的火光，船板和帆篷在燃烧。晚 10 时，法国舰队司令布吕埃斯的巨大旗舰“东方”号被打着了。这艘 120 门炮的战列舰是海战中最大的一艘。火焰引燃了“东方”号火药库，大爆炸把破片掀到天空，布吕埃斯当场阵亡。由于航

纳尔逊

道狭窄，法国战舰一时难于逃脱，处于被动挨打的惨状。8 月 2 日，东方泛白，阿布基尔湾中到处是法舰残骸。13 艘法国战列舰中：2 艘被击沉，其余 9 艘被俘。只有战列舰“高贵”号和“吉劳姆”号快速舰乘夜黑和混战逃走。两天前，在金字塔战役中获胜的拿破仑还洋洋有意，倾刻之间，全军都被甩在埃及，他自嘲地说：“好吧，咱们就得留在这儿了，要不就必须创造出古希腊、罗马人那样的丰功伟绩。”英国海军获得辉煌大捷，英军死218 人，伤677 人，法军损失 10 倍于此数。

1799 年 8 月，拿破仑只身离开亚历山大港，冒险在皇家海军虎口下漂泊 47 天后，在法国弗雷居士登陆，波拿巴在雾月 18 日夺取法国统治权，欧洲开始发抖了。1800 年，拿破仑进入意大利，在马仑哥战役中打败奥地利军队，签订仑尼纳里和约，俄皇保罗一世同他讲和。英国的威廉 · 皮特下台，艾丁顿内阁执政。1802 年英法签订了亚眠和约。巴黎人奔走相告：连最危险和最富裕的宿敌英国人也承认了自己的失败和拿破仑的胜利。

第二节　海上争锋

英法两国大资产阶级的利益是水火不相容的。1803 年 5 月，英法重新开战。拿破仑发誓打垮英国。

英国像历史上无数次危机时一样，紧紧抓住了唯一的盾牌——皇家海军。

到 1803 年 1 月间，英国海军拥有第一线战列舰 30 艘，为它们提供支援的有 86 艘巡洋舰和“五十门炮船”。此外，预备役中有战列舰 76 艘，巡洋舰和“五十门炮船”49 艘。而拿破仑的累遭重创的法国海军只剩 23 艘战列舰和 25 艘巡洋舰，另外还有 17 艘中型巡洋舰。为了满足拿破仑欲望，全欧洲的船厂都在为法国统治者夜以继日地赶造战舰。不久，45 艘新的法国战列舰就下水了。

英国人也在脚踏实地地准备。宣战后，英国海军部长圣·芬森特根据传统战略，下令封锁主要的法国海军基地。纳尔逊负责封锁地中海各港口；凯兹勋爵监视北海和多佛尔海峡；康华里思海军上将封锁大西洋的布勒斯特港。1804 年，英国重新启用拿破仑的死对头威廉·皮特任首相。

多佛尔海峡边的布伦兵营是入侵英国的前进基地。法军在那里选拔军队、调拨给养、搜罗船舶，一副渡海攻打英国的架式。新加冕的法国皇帝拿破仑扬言：“只要下三天大雾，我就可以成为伦敦、英国议会和英格兰银行的主人。”1805 年，法国已有战列舰 103 艘、巡洋舰 55 艘。

法国入侵在即，英国人奋起卫国。59 万人应征入伍，英国著名诗人华兹华斯疾呼：“……英国人万众一心；肯特团的战士们，全国都支持你们；不战胜毋宁死！”英国舰队急剧扩充，拥有战列舰 240 艘，巡洋舰 317 艘，其他船六七百艘。皮特首相大肆进行外交活动，拉拢其他欧洲国家企图组织第三次反法联盟。

1804 年 12 月，西班牙政府同法国结盟，对英宣战。法国和西班牙主要集中在土伦、卡塔黑纳、加的斯、费罗尔和布勒斯特等港口。每个港口有 5 ~ 21 艘战列舰，受到岸上要塞大炮的保护。英国海军编成了 9 支分舰队在北海、海峡区、比斯开湾和地中海上封锁巡逻。他们还做好准备，一旦封锁失败，全体舰队集中于多佛尔海峡西口，扼守海上咽喉，阻截任何敢于入侵的法国舰队。其中，康佛里思海军上将直接负责海峡区和比斯开湾，守疆卫国重担落在他肩上。

拿破仑制定了一个巧妙的计划：以维尔纳夫为统帅的法军土伦舰队突破封锁，从地中海前出大西洋；米西赛指挥的罗什福尔港舰队也实施突围，和维尔纳夫的舰队在西印度群岛和马提尼克岛会师，大肆骚扰英国在西印度群岛的殖民地，并且救出被困在费罗尔港和加的斯港的西班牙舰队；当英军中计前往大西洋和加勒比海搜歼法国舰队时，法国舰队从大西洋上返回，袭击数量上占劣势的英国海峡区舰队。如果调虎离山计成功，云集在荷兰、比利时和法国西部港口的千百艘平底船，将运载拿破仑大军渡过海峡在英国登陆。英国陆军自然不是无敌的法军的对手，伦敦指日可下。

1805 年 1 月，法国海军将领米西赛首先突围而出，杀往西印度群岛。紧接着维尔纳夫的舰队也开出土伦港。纳尔逊的舰队负责地中海防务，错误地判断法国人是去埃及。于是，纳尔逊舰队扑到埃及亚历山大港，没有找到敌人，又转航马尔他岛。

1805 年 3 月，维尔纳夫再次出海。纳尔逊又在地中海蜂腰部等待他。这回，法国舰队顺利穿过直布罗陀海峡，到达西班牙加的斯湾。维尔纳夫海军上将是阿布基尔海战极少数幸存者之一。很怕纳尔逊。他用讯号通知港内西班牙舰队后，一天也不愿久等，立刻扬帆驶向西印度群岛。

纳尔逊在地中海中部久等不到法国舰队，渐渐把舰队西移到直布罗陀。在那里才知道维尔纳夫已在一个月前就到西印度群岛去了。纳尔逊毫不犹豫地率领 10 艘战列舰和 3 艘巡洋舰跨洋追击法国舰队。

纳尔逊立即向西印度群岛进发是否正确，连英国海军下级将领都表示怀疑。拿破仑的诡计是显而易见的。当他的“英格兰军团”在布伦热火朝天的准备时，维尔纳夫的行动和输送兵力过海峡肯定有联系。纳尔逊不听这些，他不能容许任何一支地中海敌人舰队从自己手里漏掉，尽管他的旗舰“胜利”号很久没有靠岸了，但他对孤军跨洋远航在所不惜。

英国海军部不了解纳尔逊计划，又派柯林伍德率 11 艘战列舰投入追击。英国海军部就这样轻易改变了深谋远虑的海峡战略，将海军主力投入了辽阔海洋。拿破仑的谋略眼看要得逞。

1805 年 5 月 14 日，维尔纳夫到达西印度群岛。由于风暴影响，他未能同米西赛的法国舰队汇合。米西赛等不到维尔纳夫，拔锚返回法国罗什福尔港。拿破仑大军云集海峡边，准备到英国作战。他等得不耐烦，就派马格仑少将渡过大西洋，告知维尔纳夫，在西印度群岛坚持 35 天，拖住纳尔逊，然后返航救出在费罗尔和布勒斯特的舰队，掩护大军渡海登陆英伦。

维尔纳夫接到了命令。刚过两天，他便得知纳尔逊已于 6 月 4 日到达印度群岛的巴巴多斯。他深深畏惧这位骠悍的英国将军，不顾拿破仑将令，于6月10日率舰队返回欧洲。纳尔逊也紧跟着追过大西洋，1805年7月20日，纳尔逊在直布罗陀登岸。

英国海军部经过几个月的扑溯迷离，渐渐弄清了法国舰队的意图，决定全力阻止维尔纳夫接出分散在大西西洋各港口的法国、西班牙舰队。如果让法国人汇合，将严重威胁康华里思的海峡舰队。于是，分散在各港口的英国军舰开始集中，沿比斯开湾缓缓向西南搜寻维尔纳夫，除布勒斯特和西班牙港加的斯外，其他法西两国港口的封锁都解除了。只要维尔纳夫能集结所有法、西军舰，他的军舰总数将占优势。

7月22日，大雾弥漫。沿西班牙海岸北上的维尔纳夫突然发现了一支英国舰队。这是封锁比斯开湾的英将考尔德的分舰队，有15艘战列舰。维尔纳夫指挥20艘战列舰和英国人打了一仗，战场在西班牙西北的菲尼斯特雷角，有2艘法国军舰降旗投降。考尔德向北退去，维尔纳夫进入维哥湾。

屯兵在布伦的拿破仑心急如火。他下令维尔纳夫迅速和罗什福尔、布勒斯特分舰队汇合北上，等待荷兰舰队加入后进攻海峡。如果形势不利，他让维尔纳夫可以南下直布罗陀附近的加的斯湾。维尔纳夫把海战中打坏的3艘军舰留在费罗尔港后，前往罗什福尔和布勒斯特。

维尔纳夫一路上对纳乐逊提心吊胆，突然发现远方有一支舰队。他本来就不想在海峡区冒险，于是便掉头南下。恰恰这支舰队是友军，他们是接替了米西赛的法将阿里曼德的罗什福尔分舰队。正准备与维尔纳夫汇合。如果维尔纳夫不逃走，那么联合起来的法军舰队将在海峡区占数量上的优势，足以击败康华里思，取得登陆航线上的制海权。拿破仑对此不胜遗憾：“维尔纳夫所丧失的机会实在太大了！”

1805年9月2日，拿破仑终于对登陆英伦感到幻灭，拔起布伦的连营帐篷，向莱茵河进发。英国得救了，本来准备给它的打击，落到了维也纳的哈布斯堡王朝身上。

8 月 20 日，维尔纳夫的舰队进入加的斯。当时，封锁该港的英军柯林伍德舰队只有 3 艘战列艘，不久考尔德的舰队赶来，英国军舰增加到 25 艘。纳尔逊追击维尔纳夫返归伦敦后进行短期休整。9 月 2 日，“欧亚拉斯”号巡洋舰舰长向他报告：“维尔纳夫已经进入加的斯”。纳尔逊立刻前往朴次茅斯。9 月 15 日，他又乘“胜利”号扬帆出海了。9 月 28 日，他找到柯林伍德的舰队，接过了全体舰队的指挥权。

霍雷肖·纳尔逊海军上将 12 岁就曾登船参加过海上战争，他终生以大海为伴，当过各种军舰的舰长。他在印度洋、加勒比海和波罗的海上航行和作战，曾是胡德海军上将部下的一位巡洋舰舰长。纳尔逊是英国最优秀的年轻海军将领，在果敢攻击和战术创新上无人能出其右。他冒激烈炮火作战不顾生命危险，失去了一条手臂和右眼。任何一位敌人海军将领都畏惧和他交战。1805 年 9 月 29 日，适逢纳尔逊生日，他把所有舰长们都招集到“胜利”号华丽的军官舱中。在杯觥交错之际，他向部下们谈到自己考虑已久的新战术。

纳尔逊的新战术是：把全部舰队分成二队；一队插入敌人舰队的中央和前卫之间，攻击敌人中央，让它吸引住敌人的大部分火力；另外一支舰队则狠狠给敌人后卫以歼灭性的打击。这个新战术非常冒险，因为穿插纵队中每一艘军舰切入敌阵时都会受到包围歼灭的威胁。所以成功关键在于发扬皇家海军勇猛攻击的传统精神。新战术用纵列穿插打破了双方排成横列。互相用一侧的舷炮射击的旧传统，充分发挥了单舰使用两舷火炮同时射击的优越性。所以，纳尔逊一提出来，大家极为振奋。舰长们接受了

纳尔逊独臂雕像

“纳尔逊秘诀”。他们同声说：“只要我们抓住他们，就一定会成功!”

蜷缩在加的斯的维尔纳夫百临着成堆的困难：金库如洗；粮食、火药和其他补给品无一不感到缺乏，长期航海后，水手因病减员严重；这时，拿破仑对维尔纳夫已深为不满，准备让海军上将罗西里来替换他。拿破仑对他在大西洋的作用不抱希望，要求他从加的斯出发，在那不勒斯一带完成牵制性运动，然后回到土伦检修、休整舰队。

第三节 特拉法加海战

维尔纳夫是一位贵族出身的海军校官，比纳尔逊小 5 岁，在法国大革命中升迁很快。拿破仑看中他能在残酷的阿布基尔之夜杀出重围，因而对他委以大任。维尔纳夫虽然饱读兵书，也很勇敢，但只适于当高级参谋人物，并不善于实地指挥庞大的舰队。在最后一次军事会议上，维尔纳夫预言了英军会采用切入战术来打击法军后卫。但他的舰长们士气很低，大家并不知道如何应变。维尔纳夫也只得下令："假如法西联合舰队占上风，则应迫近敌人，然后一对一地作战。"

法国舰队几次出海都未成功，不是没有风就是被大风暴刮回。10 月 15 日，维尔纳夫得知新任舰队司令已上路来替换他。这个消息极大地激怒了维尔纳夫。他不甘受辱，愤然率舰队冲出加的斯港，和港外大海上的英军舰交战。

维尔纳夫

1805 年 10 月 20 日，法西联合舰队冲出海港向东南航行，不久就被英舰发现，纳尔逊发出了"敌舰已在海上"、"全面追逐"等信号。英国舰队跟踪了一夜，双方渐渐接近直布罗陀海峡。10 月 21 日清晨，霞光从特拉法加海角的峭壁上渐渐弥散开，黑色的山岩映衬着金色的大海，英法海军一决雌雄的时刻终于来到了。纳尔逊发出"成两个纵队前进"、"奋战"的信号，维尔纳夫看到风力微弱，情知逃不掉，便下令舰队调头编队，和英军拼死一战。

开战前，双方的海军实力悬殊不大。法西联合舰队有战列舰 33 艘。其中一艘是当时最大的四层火炮甲板战列舰"三叉戟"号，其他的战列舰是：3 艘三层甲板战列舰；6 艘 80 门炮船；22 艘 74 门炮船；1 艘 64 门炮船。此外，法西舰队中还编有 13 艘各类巡洋舰，光战列舰就有侧舷火炮

2626门，共载官兵21580名。

英国舰队原来共有战列舰33艘。由于派路易少将组织马尔他护航队调走了6艘。留在纳尔逊编内的27艘战列舰中；7艘是三层火炮甲板战舰，其余20艘为双层火炮甲板战舰。合计火炮2148门，官兵16820人，外加4艘巡洋舰和几艘辅助船。

法西联合舰队在船、火炮和兵员数量上略多些。但英军无论从士气、官兵素质和战术上都遥遥领先，英国军舰上的大炮大部分是加农炮，它因毁船效果大而得有外号“粉碎者”。加农炮有一个后座力滑板，炮口能升高，也可以大弧度调转，很灵活。由于英国炮手成年累月地练操炮技术，他们操纵的火炮射速比法国人快一倍，命中率也较高，法西联合舰队长年被封在窄小的港湾里，演习有名无实，尤其没有在大洋上实战的机会，各方面逊于英国水兵。

维尔纳夫给联合舰队下的掉头命令，使舰队打乱了已经列好的队形。舰队中不少地方出现缺口，影响了士气。联合舰队后方的下风处是刚离开的加的斯港，有些官兵不愿恋战，准备打不赢就逃回去。纳尔逊担心敌人舰队再缩回港内，便指挥英国舰队切入法西舰队和加的斯港之间，令敌人无处可退。他给做好战争准备的所有英国军舰下达了命令：

“英格兰要求每人恪守职守!”

英国舰队分成两支，分别由柯林伍德和纳尔逊指挥，顶风慢慢接近敌人。柯林伍德和任务是歼灭敌军后卫，纳尔逊进入大炮射程，维尔纳夫下达开火令。英、法、西军舰上纷纷升起国旗，鼓乐齐鸣，士兵举枪敬礼，法舰“弗高克斯”号射出第一炮。

特拉法加大海战由三部分组成。即：柯林伍德的攻击战；纳尔逊的攻击战；法将杜马罗尔反攻并失败。

柯林伍德的分舰队一马当先，冲入敌半月形阵线的后卫。最前面的英舰“王权”号切进法舰“弗高克斯”号和西班牙舰“圣安拉”号之间。“王权”号用左舷炮轰击“圣安拉”号船尾，右舷炮向“弗高克斯”号开火，使之遭受重创。“王权”号冲入敌阵后，立刻受到“圣安拉”号、“弗高克斯”号、“不屈”号等舰的集中围攻。40分钟以后，英国战列舰“王权”号失去控制，甲板上死伤狼藉，全船皆空，几乎成了一条死船，由英国巡洋舰“欧亚拉斯”号拖着。西班牙旗舰“圣安拉”号在和“王权”号战斗中丧失了战斗力，水兵死伤340名，到下午2时，被迫降旗投降。“欧亚拉斯”号靠拢“圣安拉”号，英国舰长布拉克伍德海军上校跃上西班牙船浸透鲜血的甲板，俘虏了垂死的阿尔发海军少校。

柯林伍德分舰队每艘船间跑2链（370米），在“王权”号投入战斗8分钟后，英舰“贝里岛”号也插也敌阵。“贝里岛”号切入“弗高克斯”号背后，亦遭联合舰队的包围和重创。“贝里岛”号主桅被炮弹切断，一度失去操纵，并且停止了射击。他的船员把军旗钉到后桅上继续奋战，终于被3艘英舰救出。

其他的英国战舰也像“王权”号和“贝里岛”号一样，各自插入了敌人的阵线。每艘英舰都从艏尾相接的敌舰中间穿过，用两侧的舷炮狠狠射击左右的敌舰。柯林伍德分舰队的最后一艘战列舰“亲王”号投入攻击时，已到了下午3时，战斗接近了尾声。英军的士气高涨，火炮射速和命中率都占着上风。在近距内，“粉碎者”加农炮威力很大，联合舰队抵挡不住，激战结束时，担任联军后卫的15艘法西两国军舰，1艘被轰沉，10艘降旗投降。仅有4艘逃脱，其中之一是旗舰“奥国王子”号，它上面载着奄奄一息的西班牙海军将领格拉维拉。

柯林伍德分舰队交战25分钟后，纳尔逊上将的分舰队也投入战斗。纳尔逊亲乘“胜利”号，率“提米莱尔”号、“海王星”号三舰插入敌阵。“胜利”号用左舷炮射击。纳尔逊进入敌阵后向右转舵，切望能找到维尔纳夫的旗舰。尽管“胜利”号上所有的望远镜都在帆樯间寻觅，可就是看不到维尔纳夫的海军上将指挥旗。所以英军统帅无法找到法军统帅，和他船靠船地进行一场决斗。纳尔逊失望之余，假定维尔纳夫就在最大的法舰“三叉戟”号上坐镇指挥。纳尔逊逼近“三叉戟”号，用所有的大炮猛轰这艘四层甲板的巨舰。在“胜利”号和“三叉戟”号激战时，“胜利”号的一名观测兵发现在“三叉戟”号后方有一艘其貌平平的双层火炮甲板战舰。它就是法舰“布森陶尔”号，上面挂着总司令维尔纳夫的旗帜。纳尔逊冒着纷飞的炮弹冲到“布森陶尔”号的后方，用68磅（1磅≈0.45千克）的“粉碎者”和其他侧舷炮猛射它的舷窗。两舰距离很近，英舰的猛烈炮火使“布森陶尔”号损失特别惨重。紧跟“胜利”号的英舰“海王星”号、“征服者”号也靠拢法国旗舰，向“布森陶尔”号抵近射击。纳尔逊见“布森陶尔”号已被包围，令“胜利”号向右转舵，攻击法舰“敬畏”号。

“胜利”号和“敬畏”号战列舰互相逼近，双方投钩手立刻就把对方的战舰勾住了。英国水兵和法国水兵都准备跳上敌舰甲板，进行古老而残酷的接舷战。“敬畏”号舰长、法国海军上校卢卡斯非常勇敢，他指挥水兵向“胜利”号的甲板冲锋。英军水兵用步枪扫射，法军伤之很大。一小时后，“敬畏”号和“胜利”号还缠在一起。纳尔逊和“胜利”号舰长、皇家海军上校哈迪亲临甲板指挥战斗，“敬畏”号上射来的一枚步枪弹击中了纳尔逊，子弹穿透胸部直到脊梁骨，无畏的海军上将立刻扑倒在甲板上。水兵将他抬到后舱抢救时，海军上将说："他们终于把我解决了。"他一直平静地躺在那里等到战斗结束。他讯问哈迪战果后说："我感到满意。"他亲吻了托马斯·哈迪舰长："感谢上帝，我总算尽了我的义务。"然后瞑目辞世。

"胜利"号激战时，英舰"提米莱尔"号向法舰"三叉戟"号猛射，又用舷炮向"敬畏"号开火。法舰"弗高克斯"号同英舰"贝里岛"号交战后，又去攻打"提米莱尔"号。英舰"海王星"号跟随纳尔逊冲入法军队列后，向法舰"布森陶尔"号和"三叉戟"号射击。双方顽强地战斗，打得天昏地暗，活像抹香鲸和大王乌贼在拼命撕咬。海面上硝烟弥漫、弹雨横飞……

血战一个半小时后，威风凛凛的巨人"三叉戟"号降下军旗向英国人投降。一位接收该船的英国水兵形容当时"三叉戟"号的情景："我踏上这艘大船去收容俘虏，其死伤人数在三四百之间（实际达 418 人）。满处是血肉，后甲板上堆满伤兵，缺胳膊少腿者举目皆是。"

英舰"不列颠"号和"巨人"号、"征服者"号也跟随"海王星"号投入战场。它们生龙活虎地猛击已经虚弱的法舰。在皇家海军的包围和重创下，维尔纳夫海军上将苦撑不支，在下午 2 时下令投降，"布森陶尔"号的桅杆上降下了将旗。该舰的惨状据"征服者"号上的军官记载："到处都是死尸，景象极为凄惨。死伤总数在四百以上，多数尸体没有脑袋。"而顶风迟到的英舰"阿贾克斯"号、"阿加门农"号和"非洲"号、"奥利安"号也都相继参战，为海战胜利作了贡献。

特拉法加海战的最后一幕是联军将领杜马罗尔的反攻。实际上只是联

特拉法尔加海战阵列图

军的绝望挣扎。杜马罗尔将军的分舰队一直处于联军舰队的前卫，战斗打响时，维尔纳夫命令“各自为战”。但杜马罗尔缺乏主动攻击精神，在前卫徘徊，请求具体指示。在鏖战中，舰队司令维尔纳夫自顾不暇，那能管他。直到下午2时才命令杜马罗尔支援自己受压很大的中央，不巧，风停了，杜马罗尔为舰队的调头又伤透脑筋。最后，他把10艘军舰编成两队投入反击。当时，联军舰队败局已定，不管形势的恶化，杜马罗尔还是打到了最后。经过一番炮战，法舰“圣奥古斯丁”号、“拉约”号、“英提皮德”号、西班牙军舰“海王星”号（作战双方各有一艘“海王星”号）向英国舰队投降。法国将军杜马罗尔乘旗舰“恐怖”号连同“蝎子”号、“布朗山”号、“杜高陶因”号、“英雄”号等舰艇逃走。10月21日下午4时半，震天的炮声静默了，硝烟也渐渐散尽，海鸥重新飞回这片被血染红的海面，惨烈的特拉法加海战落幕了。

整个特拉法加大海战中，英军死449人，伤1214人（据英方记载）。

法国西班牙联合舰队的33艘战列舰中：12艘被俘；1艘着火；7艘彻底丧失了战斗力；9艘逃往加的斯；4艘逃向直布罗陀。当夜，大西洋起了罕见的大风暴，狂风恶浪一连四天，联合舰队的一些伤船在风暴中沉没了。估计法西联军死伤约7000人，被俘约7000人。

10月27日，英国海军中尉拉皮罗提尔乘上艘名叫“皮克尔”号的快船回国报捷。他在法尔茅斯上岸后，连换19次马奔回伦敦。拉皮罗提尔见到英国海军部长的第一句话是：“报告！我们获得了一次伟大的胜利，但是却丧失了纳尔逊勋爵！”

特拉法加海战是装备实心炮弹的木质帆船之间最大的一次海战。从某种意义上讲，它又像是雷班托海战。随着工业革命和科学技术的发展。木制的帆舰终于进了朴次茅斯的博特馆。直到今天，人们还可以到英国伦敦的特拉法加广场上凭吊这场惊心动魄的海上大战。有人说：“一个特拉法加，一个莫斯科，把不可一世的拿破仑赶下了台。”不管你信不信，许多英国人相信。

第七章

日俄对马交锋

第一节 中国东北的权益争夺

19 世纪末，俄国和日本已先后成为带有封建性的帝国主义国家。1895 年 4 月 17 日，日本强迫清政府签订了《马关条约》，侵占了朝鲜和我国辽东半岛。俄国不甘心它在中国的利益受到损害，翌年便伙同德、法两国，进行所谓“三国干涉”，在重压之下，日本把辽东半岛交还中国。而俄国则借口还辽“有功”，强租大连、旅顺等地作为它的太平洋分舰队的基地。

1902 年，日本与英国订立军事同盟，接着，又得到美国的暗中支持，便决心出兵东北，夺回它从满清政府那里得到的“权益”。俄国则从德、法两国那里得到外交和财政上的支持，图谋继续保持和扩张在中国东北的势力，立意和日本决一雌雄。

阿列克谢耶夫

1903 年 7 月，沙皇任命海军上将阿列克谢耶夫为远东督办，统率太平洋分舰队和管区的陆军，全权指挥对日作战。

日本时值明治维新不久，政治、经济都处于上升阶段。它准备参战的陆军约 12 个师团

(20 万人)，舰艇 100 多艘，包括最新式的战列舰 4 艘、装甲巡洋舰 6 艘和巡洋舰 12 艘。海军编成联合舰队，由名将东乡平八郎指挥，并于 1904 年 2 月 6 日由佐世保军港出发。

1904 年 2 月 8 日入夜，停伯在旅顺口锚地的俄国太平洋分舰队各舰主要军官受司令斯达里克海军中将之邀，参加在司令官邸举行的庆祝舞会，其余人员也放假上岸，整个舰队戒备松弛。正当乐声悠扬，人们翩翩起舞之际，突然传来几声爆响，过了一阵子，斯达里克接到一个报告：日本人不宣而战，派 7 艘驱逐舰偷偷开到旅顺港外，向停泊的俄国军舰猛击。俄国两艘战列舰和一艘巡洋舰当即遭受重创。

与此同时，日军 3000 人在仁川登陆，占领了汉城。9 日凌晨，东乡舰队再次来袭，又重创沙俄军舰 4 艘；瓜生外吉海军中将率领第四战队共 5 艘巡洋舰在八尾岛附近击沉了俄国巡洋舰”瓦良格”号和炮舰“高丽人”号。就这样，一昼夜之间，日本在陆海两方面都取得重大成功。9 日和 10 日，两国先后宣战，日俄战争正式爆发。

因为贻误军机，斯达里克被撤了职，新的司令由士兵出身的马卡罗夫海军中将继任。马卡罗夫于 2 月 24 日到达舰队驻地之后，立即整饬舰队，工作颇有起色。他积极求战，利用当时还相当雄厚的海军力量与日本争夺制海权，给日本人造成了一定威胁。

3 月 31 日，马卡罗夫出海迎战东乡时，旗舰“彼得罗巴甫洛夫”号战列舰触了日军布设的水雷，引起舰上的 18 个水雷、主锅炉舱和弹药舱连续爆炸，不到两分钟，他和全舰 600 多官兵一起葬身海底。“胜利”号战列舰也触雷重伤，勉强驶回基地。在多次作战中，日本舰队也有相当大的损失。

在陆地上，日本人也不断向辽东半岛进攻。1904 年 8 月，经过一番苦战，旅顺口成了俄军孤立但又相当坚固的一个据点。沙皇下令驻守在旅顺的俄国舰队突围，驶向海参崴。8 月 10 日下午，舰队开航到离港 40 海里的地方，与守候在那里的东乡舰队遭遇。东乡的旗舰“三笠”号受伤，但继马卡罗夫任太平洋分舰队司令的维特格夫特海军中将在旗舰“杰沙里维奇”号上中弹阵亡，余舰溃散，一部分退回旅顺，有的则到了烟台、青岛等地。过了几天，海参崴的部分军舰又被日军击沉。短短几个月功夫，俄国太平洋分舰队便三易主帅，屡败屡战，终于名存而实亡了。旅顺口仍处在日军的全力包围之中。

旅顺东鸡冠山日俄战争遗址

为了挽救危局，沙皇决定由波罗的海舰队的舰只组成第二太平洋分舰队，前往远东增援。遵照沙皇旨意，俄国政府严令各造船厂昼夜突击，对舾装中的各舰，限期完成。

1904 年春夏之交，俄国波罗的海舰队的主要基地维堡热闹非常，一艘艘刚刚竣工的军舰不断开来，整个军港忙个不迭。尼古拉二世几次亲临舰队，给将士打气。尼古拉二世任命罗日杰斯特文斯基为舰队司令，“神明保佑你维护俄国海军的荣誉，愿上帝不要抛弃俄国……”

10月11日，舰队分三批离开维堡，驶往利巴瓦（今利那帕亚），装载煤炭和军需品。10月15日，舰队从利巴瓦港起航，经过丹麦的斯卡晏角，穿过斯卡格拉克海峡，于21日进入北海。起航后的第3天，“苏沃洛夫公爵”号旗舰舰桅换上了中将旗，罗日杰斯特文斯基晋升为海军中将。他早就得到情报说，日本人可能不远万里前来截击，或在丹麦侮峡市雷，因而各舰队戒备森严，弄得整日草木皆兵。他不时发出战斗警报，使水兵疲于奔命，人心惶惶。

21日午夜，罗日杰斯特文斯基发现远方有船影数艘，他以为那是日本人的鱼雷艇，在未作进一步了解的情况下便冒然下令“苏沃洛夫公爵”号旗舰开火。刹那间，各舰都向还未弄清的目标发炮，但却始终不见“敌人”还击。原来，对方只是一家英国捕捞公司的几艘渔船，中弹后正在沉没。短短12分钟，各舰都发射了上百发炮弹，而“阿芙乐尔”号巡洋舰自己竟被误中四弹，一名炮手和随军牧师负了伤。

当时，英国是日本的盟国，于是便趁机抓住这一事件大做文章，在外交上引起了一场轩然大波。英国坚决要求俄国舰队停航，而怂恿沙皇出兵的德、法则出面对英国施加压力。一时间，彼得堡、伦敦、巴黎、柏林的外交使节穿梭往还。最后，沙皇赔偿65000英镑才算了事。但这次被称作“多格”的事件，大大损害了俄国人的士气。

第二节 灾难的航行

“多格”事件后，沙俄舰队经多佛尔海峡进入比斯开湾。长途航行，燃料是个大问题。在中立国港口是不易加煤的，为了大量贮煤，军舰不得不腾出许多地方，使舰上肮脏、混乱、拥挤不堪。在西班牙的维哥港休整后，舰队于11月3日到达法属摩洛哥的丹吉尔港。

在这里，罗日杰斯特文斯基把舰队分成两路，一路由他自己率领，准备绕道好望角到马达加斯加；另一路由费利克让海军少将率领，朝东经苏伊士运河，过红海，南下马达加斯加。

罗日杰斯特文斯基

罗日杰斯特文斯基率领的舰队于11月5日离开丹吉尔，12日开到非洲西海岸的达喀尔，在那里又一次加煤。这里是热带地区，舰员们在烈日下整天运煤，弄得精疲力竭。舰只的各种毛病也渐渐显露了，机器不灵，舰底长满厚厚的一层海洋寄生物，不少军舰只能以六七节航速前进。接着，舰队过了赤道，到达加蓬海面。在从德国船上加煤后，便向沃尔维斯港开去。舰队在那里再一次添足了煤，然后越过开普敦，绕好望角，驶向马达加斯加。

1905 年 1 月 9 日，罗日杰斯特文斯基率领的舰队开到马达加斯加西北部的贝岛，和费利克让的舰队会合。

然而，就在 7 天前，即 1 月 2 日，俄国驻旅顺要塞司令在 5 个月的浴血奋战后，终因孤立无援，率残部 3.2 万余人向日本投降。旅顺口陷落的消息，很快就传到了马达加斯加，在沙俄第二太平洋分舰队里立即引起了巨大震动和恐慌。几个月来，因过度劳累、官兵生活条件悬殊，以及平素对俄国统治阶级的不满等原因，军心涣散，士兵普遍厌战。舰队里不时有死亡、疾病、自杀事情发生，甚至出现了公开的反抗。这时，整个舰队，包括罗日杰斯特文斯基本人，都认为应当往回开了。他甚至称病，电奏陛下钦准他辞去舰队司令回国。

可是，沙皇仍不死心，既不准罗日杰斯特文斯基辞职，也不准第二太平洋分舰队返航；同时，还拼凑波罗的海舰队剩下的力量，组成第三太平洋分舰队，由海军少将涅博加托夫任司令。第二太平洋分舰队在得知沙皇已组成第三太平洋分舰队后，打消了返航念头，于 1905 年 3 月 16 日离开马达加斯加，穿越印度洋，向马六甲海峡开去。

在几个月的航行中，罗日杰斯特文斯基也组织过几次实弹射击演习，但效果很可怜。舰队穿过马六甲海峡，于 4 月 14 日驶入法属印度支那的金兰湾。4 月 26 日，舰队开进金兰湾以北 40 多海里的槟绘湾。5 月 9 日，在这里等到了第三太平洋分舰队。这样，全舰队共有 29 艘主要作战舰只（排水量 16 万余吨）和 19 艘辅助舰船。

5 月 14 日，舰队以 9 节航速庐东开航。5 月 19 日，舰队通过巴士海峡。23 日，第二战列舰支队司令费利克让少将因病死亡。以为害怕影响士气，罗日杰斯特文斯基密不发丧，让“奥斯拉比亚”号仍悬挂他的将旗。

25 日，舰队驶到上海附近，日本海就在前面了。

由于有英国人关于俄国舰队行踪的情报，加上及时派伪装成商船的军舰（伪装巡洋舰）到南洋一带侦察巡逻，日本人对俄国舰队的情况和意图几乎了如指掌。东乡海军大将严密注视着俄国舰队的动向，他订下这样的作战计划：在台湾以南海域设置疑兵，造成要在那里和俄国舰队决战的假象：而把重兵（第一、第二舰队的大部）集结于对马海峡附近，在俄国舰队到达海参崴之前，趁其长途跋涉、兵疲意沮之际进行截击，来一个海上歼灭战。而罗日杰斯特文斯基恰恰就是按照东乡的这个计划行动的。他在没有与任何部属商议的情况下，就作出决定：除运输船开往上海外，其余舰只组成几个纵队，取道对马海峡，直奔海参崴。

第三节　对马较量

1905 年 5 月 27 日凌晨，在五岛列岛白濑以西 40 海里执行警戒任务的日本辅助巡洋舰“信浓”号，透过蒙蒙雾霭，依稀发现一艘向东航行的舰船的灯光。“信浓”号驶近观察，于 4 点 45 分发现左前方有几艘冒着黑烟的俄国军舰，便立即报告了舰队司令东乡海军大将。在五岛列岛以东巡逻的“和泉”号巡洋舰闻迅赶来，进一步侦察敌情。5 点 05 分，东乡向全舰队下令，火速驶往预定海域，展开待机。

6 点 30 分，俄舰“纳希莫夫海军上将”号在右舷方向发现“和泉”

号，舰队司令罗日杰斯特文斯基海军中将命令舰队排成两列平行纵队，企图强行通过对马海峡。9 点多钟，俄国舰队发现了日本第五、第六战队，11 点后又发现了第三战队。“乌沙科夫海军上将”号向左舷大约 9000 米处的“笠置”号开炮，罗日杰斯特文斯基认为此举是白费炮弹，下令停止射击。正午时分，俄国舰队驶抵壹岐岛以北 12 海里处，以 23°航向朝东北急驶。

13 点 30 分，日本军舰在俄国舰队的左前方出现，俄国瞭望手清楚地看到日舰排成纵队迎来。最前面的正是悬挂东乡大将旗的“三笠”号，随后是战列舰“敷岛”号、“富士”号、“朝日”号，装甲巡洋舰“春日”号、“日进”号和上村中将第二战队的战舰。日本舰队向西南开过来，俄国舰队向东北开过去，双方越来越近了。

“三笠”舰和东乡平八郎的塑像

俄国舰队成纵队行驶。此时，“苏沃洛夫公爵”号、“亚历山大三世”号、“博罗季诺”号和“曙光”号 4 艘主力舰离其余舰只很远。罗日杰斯特文斯基下令这几艘战列舰稍微左转，重新驶到整个舰队的前列，后面的军舰只好减速让它们“归队”。这一来，使舰队发生了混乱。而正在此时，东乡率领的第一战队于 14 点 05 分突然向左掉头，恰好处于俄舰大炮的射程之内。日本舰队此时突然掉头，使得后面的军舰因前面的军舰遮挡，不能对俄舰开火；而俄舰却可以趁日舰转向时，至少集中 16 门 304 毫米和 40 门 152 毫米炮向它猛攻。罗口杰斯特文斯基抓住这个战机，在战斗队形尚未展开之际，匆匆于 14 点 08 分下令各舰一齐开火。

这个命令不利于炮手根据弹着点进行校正。虽然有几发炮弹击中了“三笠”号，但由于俄国炮手不知是哪门炮打中的，因而无法校正火力，炮火对日舰威胁不大。

日舰没有立即回击。14 时 10 分，日本第一战队与俄舰平行，造成了便于发扬人力和对俄舰的截击态势。它们这时集中火力，向相距 6500 米的“苏沃洛夫公爵”号和仍然悬挂费利克让海军少将将旗的“奥斯拉比亚”号射击。

日舰先以一炮进行试射，修正火力后迅速将射击诸元通知各舰，接着，各舰开始放力射（即正式射击），炮弹猛烈地倾泻到俄国军舰上。“奥斯拉比亚”号的三个高大烟囱顿时成了日舰射击的活靶子。日舰的第 3 发炮弹便击中了它。几分钟内，“奥斯拉比亚”号炮塔和前舰桥都中弹起火，水线处严重破损，海水涌进舱内。10 分钟后，它完全丧失了战斗力，退出战斗。15 点 10 分，这艘“名舰”便头朝下栽进大海，舰上 900 多人，只有 380 余人逃生。

在“奥斯拉比亚”号中弹的同时，“苏沃洛夫公爵”号也连连中弹，多处起火。枪炮长别列斯涅夫上校和信号长坎达乌洛夫等多人身亡。救护、灭火、还击都在炮弹的猛烈爆炸与震撼中进行，舰上一片绝望的呼叫与呻吟。以罗日杰斯特文斯基为首的军官躲在前舰桥司令塔里，目睹这触目惊心的场面，无计可施。开战不久，“苏沃洛夫公爵”号就受伤严重，舵机受损，不得已退出战斗，但日舰穷追不舍，使它继续中弹。突然，一发炮弹打中司令塔，罗日杰斯特文斯基受重伤，不省人事。俄国舰队失去统一指挥，陷入一片混乱之中，阵势大乱。

“苏沃罗夫公爵”号

“亚历山大三世”号发现前面的旗舰失去战斗力并退出战斗，便主动向日舰开炮，吸引日本人的人力。但日本军舰对“苏沃洛夫公爵”号的攻击并来停止，一阵猛烈的射击之后，使该舰上的火炮几乎全被打哑了，烈火已燃烧到前舰桥。此后，“苏沃洛夫公爵”号又受到日本第四、第五驱逐舰分队的攻击，完全陷入无法控制的熊熊烈火之中。

驱逐舰“狂暴”号正在救援“奥斯拉比亚”号的落水人员，发现右前方猛烈燃烧着的“苏沃洛夫公爵”号，迅即赶来，于17点03分接走了受伤昏迷的罗日杰斯特文斯基、参谋长克龙上校和高级军官共20余人。日本第十一鱼雷艇分队搜索到这艘俄国旗舰，又使它中了三四条鱼雷。“苏沃洛夫公爵”号迅即淹没在大海里，留在舰上的人员无一生还。

转移到“狂暴”号驱逐舰上的罗日杰斯特文斯基在18点多钟清醒过来后，他下了一道命令：“指挥权移交给涅博加托夫，舰队继续开往海参崴，航向23°。”

18点30分，涅博加托夫下令升起信号旗：“随我前进，航向23°”。

东乡率领主力第一、第二战队向北转移，他要在28日黎明前赶到郁陵岛以南海域，堵住俄舰逃路。同时，东乡派出驱逐舰21艘，鱼雷艇24艘，从北、东、南三面合围，夹截俄国舰队。

在日舰追歼下，涅博加托夫开始向西规避。20点后，俄国舰队乘黑夜又转向北驶。“尼古拉一世”号、“曙光”号、“阿普拉克辛海军元帅”号、“辛亚文海军上将”号、“乌沙科夫海军上将”号、“纳瓦林”号、“纳希莫夫海军上将”号和“绿宝石”号8舰，排成纵队以12节航速向海参崴奔逃。日本人紧追不放，夜战中向俄舰陆续发射了75条鱼雷，击沉、击伤“纳希莫夫海军上将”号等军舰4艘。到28日晨，涅博加托夫率领的主力舰队只剩下5艘军舰了。

这5艘残舰在向郁陵岛方向开进途中，发现前面日本舰队已形成包围态势，要战胜日舰或突围均已无望。他和“尼古拉一世”号舰长斯米尔诺夫海军上校商议后，决定投降。日舰逼近并连连开炮，俄国舰队连忙升起XGE（表示投降）国际信号旗，同时升起白旗和日本国旗。这时是5月28日10点43分。

10分钟后，东乡平八郎派联合舰队参谋秋山真之海军中佐乘驱逐舰登上“尼古拉一世”号，要涅博加托夫去“三笠”号签订投降条款。随后，大批俄国水兵也被送到日舰上。在日方准备受降过程中，俄国巡洋舰“绿宝石”号突然降下白旗，开足马力乘机逃跑了。

“奥列格”号、“阿芙乐尔”号和“珍珠”号3艘巡洋舰，由因克维斯特少将率领，同时北逃，他屡遭日本驱逐舰和鱼雷艇堵截，于28日1点放弃了逃往海参威的企图，改向西南突围，侥幸夺路逃走。6月3日，3舰开到了马尼拉港，被美国殖民总督解除了武装。

罗日杰斯特文斯基转移到“狂暴”号以后，竭力向北逃炮。但天黑后，“狂暴”号主机和锅炉相继出了故障，航行了几海里就渐渐掉队，而且贮煤不足，驶到海参崴已毫无指望了。参谋长克龙上校和部属商议，认为“狂暴”号只有开赴日本海岸才有生路。他们的计划是：待司令官及舰员上岸后，就将舰炸沉；途中一旦遭日舰拦截，为了保全司令官的生命，准备投降。28日天亮后，“狂暴”号却遇到贮煤充足且完好无损的“鲁莽”号驱逐舰，罗日杰斯特文斯基一行当即转移到了“鲁莽”号上。

16点45分，“鲁莽”号和“严厉”号两驱逐舰一起向北逃到郁陵岛西南40海里附近海域。这时，日本驱逐舰“涟”号和“阳炎”号正好赶到这一带搜索，发现俄舰后，便抵近开炮射击。但日本人忽然看到“鲁莽”号停炸，桅顶飘着白旗，并挂起了“舰上有伤兵”的信号旗。当“涟”号舰长相羽恒三少佐登上这艘俄国驱逐舰时，他发现在舰上的百多名战俘中，竟然有沙俄舰队司令罗日杰斯持文斯基海军中将。就这样，在这艘只有350吨的驱逐舰上，这位舰队司令躺在病床上，当了日本人的俘虏。

此时，“严厉”号奉“鲁莽”号之命乘机逃走，“阳炎”号追赶不及，使它终于逃到了海参崴。

对马海战前后不到两天，就以俄国舰队的全军覆没而告终。然而，不论战败了的沙俄罗曼诺夫王朝，还是取得胜利的日本帝国主义，都已无力再打下去了。经过美国总统西奥多·罗斯福从中斡旋，双方于 1905 年 9 月 1 日在美国朴茨茅斯签订了严重损害中朝人民利益和主权的列强分赃条约——《朴茨茅斯条约》。

第八章

英德海洋争霸

第一节　挑战神话

普鲁士统一后，迅速发展成帝国。色当一仗，轻松地击败了拿破仑三世的法国。利用普法战争法国赔款和掠夺来的亚尔萨斯、洛林的煤铁资源，普鲁士跃居欧洲一等强国。到霍亨左伦王室的威廉二世做德国皇帝时，德国的工业已超过了英国。然而，此时世界殖民市场已被列强瓜分得差不多了，只有打败老牌帝国主义国家，德国才能获得更丰厚的殖民利益。

德国陆军对战争处之泰然，它们从腓特烈大帝时代就是欧洲闻名的常胜军队。唯一能阻止德国称霸的就是英国海军。当时，皇家海军正处于全盛时代。它的猛将如林，舰船如云，拱卫着从加拿大到澳大利亚之间几千万平方千米的英国殖民地。“日不落帝国”的神话已经流传数百年了。

为了和英国皇家海军一决雌雄，一位48岁的普鲁士人——阿尔弗雷德·冯·提尔皮茨伯爵向这个神话发出了挑战。他以日耳曼民族的倔劲不屈不挠地实干，把一艘艘各种战舰从船台上推入寒气森森的北海和波罗的海中，从而成为“德国海军之父”。

冯·提尔皮茨于1849年3月出生于勃兰登堡一个职员家庭。他毕业于凯尔海军学校，历任鱼雷艇舰队督察和德国东亚巡洋舰队司令官。1897年

提尔皮茨

6月，提尔皮茨海军少将升任德意志帝国海军发展部大臣。次年，德国国会通过扩充海军法案：建立一支包括38艘战列舰和20艘装甲巡洋舰的大舰队。同时声称：新建“这种大海军的目的，是要使最强大的海权国家部不敢向它挑战，否则就有使自己优势遭到破坏的危险”。

德国海军的扩充，震撼了英国海军部。当时的温斯顿·丘吉尔说过：“大陆上的最大军事强国决心在同时成为至少占第二位的海军强国，这是世界事务中一个具有头等重大意义的事件。”

英国的安危系于海军之身。作为对德国大造新舰的回答，1905年，当时世界上第一艘超级战列舰——“无畏”号巨舰从英国船台下水。它的排水量达17900吨，安装10门305毫米巨炮，水线部分、司令塔和主炮塔均有279毫米厚甲，航速21节。无论从哪个角度讲，任何军舰都不是它的对手。无畏级战列舰的问世，使以往的巨舰过时并形同玩偶。它开创了新的“无畏”舰时代，这个时代的特征是大舰巨炮至上。

德国虽然稍迟一步，提尔皮茨将军还是认准了潮流。1906年，德国下水了4艘无畏级战列舰：标准排水量为18873吨，主炮口径280毫米，航速19.5节。德国军舰的显著特点是侧重防御：司令塔装甲400毫米，水线部分300毫米，为此牺牲火炮口径和航速也在所不惜。

在德国人活动手脚的这一年，英国已有7艘无畏舰在大洋上游弋了。泰晤士河和英国东南海岸所有造船厂生意兴隆。英、德两国海军都清楚：造舰竞争的胜负决定了国家在海洋上的命运。

1904年，英国政府打破传统，首次任命了现役海军上将担任第一海务大臣。这位和提尔皮茨旗鼓相当的人就是约·阿·费希尔勋爵。

费希尔于1841年出生在斯里兰卡（旧锡兰岛），14岁参加皇家海军，在波罗的海、地中海和亚洲等地服役，生平最喜欢研究炮术。费希尔是英国海军攻击传统的继承者。他轻视防御，“高速就是最大的防御力”。在任职期间，费希尔深刻影响了英国造舰技术，同级艾舰一般比德舰火炮口径大20~40毫米，航速快2~7节，这些都是在牺牲装甲厚度的前提下实现的。此外，英舰致命部位的装甲比德舰薄50~100毫米。

提尔皮茨的理论认为：军舰的浮力有限，这个程度决定了生存力和战斗力——由于攻击武器的最终目的是造成水线下部分的致命伤，所以增加浮力是军舰防御的主要手段。根据提尔皮茨的建议，德舰除装甲厚外，舱空狭窄，重重设置水密门，水线下的一切隔板都不开联络门，以防区域进水，脆弱的联络门被压破。德舰的贮煤舱尽量设计在舰体两侧，起防护作用。德舰的设计目标是追求舰艇在战斗中的浮航生存性。两种设计思想给英德两国的战列舰带来了明显的结构和性能差异。

英、德两国你追我赶的结果，使它们的海军在十几年里发展极快，遥遥领先于其它各国海军。到第一次世界大战爆发时，英国拥有各种新旧战列舰68艘、巡洋舰58艘、驱逐舰和鱼雷艇301艘以及78艘潜艇。德国有各种战列舰40艘、巡洋舰7艘、驱逐舰、鱼雷艇144艘、潜艇28艘。双方的赌注都押在当时最强大的海上霸王——战列巡洋舰上，结果英国有9艘，德国只有4艘。英国舰队在数量上占了压倒优势，使皇家海军可以在战时随心所欲地控制全球海洋，确保其海运线。

1914年6月28日，奥国皇太子在萨拉热窝被刺，血流成河的第一次世界大战爆发了。英国海军开赴地中海、北美、西印度群岛、太平洋沿岸。舰队核心力量集中在北海。这支以英国本上港口为基地的打击舰队又叫“主力舰队”，拥有各种舰艇440余艘，专门封锁德国重型水面舰艇，也就是德国人骄傲地称为“大洋舰队”的德国海军主力。

由于2.3万吨的德国战列巡洋舰“格本”号在祖雄上将指挥下闯入黑海，土耳其政府受其胁迫，在大战中站到了协约国一边。

大战初期，德国的海军行动集中在使用海上袭击舰方面。这是弱小海军往往采取的“海上游击战”战术，专门劫掠和击沉交战国商船。德国为此目的造了不少轻巡洋舰和潜艇。开战之初，德国潜艇缺乏经验，屡屡被英国人击沉。8月28日。英国战列巡洋舰队突袭德国赫尔戈兰湾，敲掉了3艘德国轻巡洋舰。英国海军松了口气，“一切不像想象中那么坏。”

德国潜艇部队吸取教训后，提高了攻击战术。1914年9月5日，德国潜艇“U－29”首开纪录，把英舰“帕斯菲德”号送入海底。

9月13日，北海天气恶劣。正在巡航的英巡洋舰“阿布基尔”号，突然一声巨响，舰体倾斜，一会儿便沉入海底。接着，巡洋舰“霍格”号、“克雷西”号也莫名其妙地吃了鱼雷，结果使1400余名英军官兵喂了鱼虾。不到1小时，德国潜艇”U－9”连中三元，创造了潜艇战史上的空前记录。由于德国工程师大大改进了水雷的定深装置、引信、装药，使德国水雷战发挥了效力，一些英国扫雷艇和运输船触雷沉没。在很长一段时间里，英国海军中流传着对水雷的恐怖感。

10月份，4艘英国驱逐舰在比利时海岸附近和德国人遭遇。10月16日，在一对一的海战中，英军干掉了4艘德国驱逐舰，挽回了皇家海军的声誉。

第二节　福克兰群岛海战

1914 年 10 月 31 日，德国海军中将冯·斯佩指挥“格拉斯哥”号在驶抵智利的科罗内尔时，英国海军中将克拉多克截获了德舰“莱比锡”号拍发的一封无线电报。他迅即命令自己的舰只驶向目标海域。

11 月 1 日 14 点 35 分，4 艘军舰集结完毕，然后成扇面展开，向北推进。大约 2 小时后，“格拉斯哥”号舰长卢斯在舰艄右舷方向发现了目标。

克拉多克闻讯大喜。但不一会儿，卢斯又报告说，和“莱比锡”一起行动的，有德国装甲巡洋舰“沙恩霍斯特”号和“格奈森诺”号。

“沙恩霍斯特”号

45分钟后，"好望角"号、"蒙默思"号、"格拉斯哥"号和"奥特朗特"号排成单路纵队，向东急驰。少顷，又改向南行，进入了攻击阵位。18点18分，克拉多克下令开炮，同时用无线电命令无畏舰"卡诺帕斯"号，全速北上驰援。

夕阳像一团火球，在西边的水天线处跳跃。余辉斜照过来，使英舰的暗影在洋面上拉得修长。东边，德舰的身影在徐徐垂落的夜帐掩映下，变得又矮又小。这使克拉多克处于十分不利的地位，他的舰只炮火虽然猛烈，但却难以命中目标。

当两支舰队相距12000米时，斯佩才下令炮击。"沙思雷斯特"号第一次齐射就命中英舰，"好望角"号艏部、舰桥、主桅和中部都中弹起火，舰炮被摧毁。大火在甲板上迅速蔓延，把四周的海面照得通红。只有几门炮在还击。到19点50分，在它的主桅和尾部之间，发出了一声惊天动地的巨爆。"好望角"号迅即下沉，仅仅7分钟，它就带着克拉多克将军和全舰2000来名官兵，从硝烟尚未散尽的海面上消失了。

"蒙默思"号前炮塔中弹，顶盖被掀掉；紧接着又是一声巨响，整个炮塔被炸飞到了空中。它中部也连连中弹，一道巨大的火柱从右舷腾空而起，几团火球同时猛烈燃烧。它的艏部开始下沉，舰体左倾，已完全丧失了战斗力，成了德舰任意炮击的死靶。

"格拉斯哥"号轻巡洋舰全速脱逃，甩掉了德舰。"奥特朗托"号辅助巡洋舰原由商船改装，武备很差，战斗开始不久，它便奉命南撤。这时，"卡诺帕斯"号无畏舰距战场仍有200海里，它已获知"好望角"号中弹沉没的消息，但由于主炮射程小于德国的装甲巡洋舰，格兰特舰长感到无力挽回败局。当他接到仓皇逃来的"格拉斯哥"号和"奥特朗托"号后，便掩护两舰，撤向大西洋的福克兰群岛。

鉴于“卡诺帕斯”号无畏舰的305毫米土炮，斯佩下令舰队停止追击，撤离了战场。

柏林海军当局对斯佩打了胜仗的消息反映冷淡。他们通知斯佩，当前进行巡洋作战几乎没有获胜的希望，要斯佩率领舰队设法突破英国人的封锁返回本土。斯佩虽然服从了上司的安排，却带领舰队在合恩角一带整整泡了一个月。在航渡大西洋之前，他还决定袭击英占福克兰群岛，“教训”一下英国人。

12月8日上午，他率部逼近了斯但利港。这时，“纽伦堡”号向他报告，港内发现两艘战列巡洋舰。

英国的战列巡洋舰，排水量在17000吨以上，而德国的装甲巡洋舰，排水员只有11600吨；英舰有8门305毫米主炮，而德舰8门主炮口径均为208毫米。斯佩深知自己这次不是英国人的对手，于是下令舰队转向，朝东南方向逃跑。

英国舰队全速追了上来。海面上风平浪静，天空晴朗，能见度极好。近11点，两国舰队相距大约15000米，英舰炮弹呼啸而出，在“沙恩霍斯特”号和“格奈森诺”号四周掀起了冲天水柱。13点25分，斯佩眼见大势已去，为了免遭全军覆灭，他下令轻巡洋舰脱离战斗，分散逃跑。

可是，克拉多克的失败使英国集中全力来对付斯佩。邱吉尔和费希尔命“皇家公主”号前往加勒比海，以防斯佩穿越开放不久的巴拿马运河；命“无敌”号和“坚强”号战列巡洋舰前往南大西洋，搜寻德舰。11月11日，“无敌”号（旗舰）和“坚强”号在弗雷德里克·斯特迪海军中将的率领下，秘密驶离德文波特军港，于12月7日赶到了福克兰岛。两舰与原先配置在这一带的“卡那封”号、“肯特”号、“康沃尔”号装甲巡洋舰，“格拉斯哥”号、“布里斯托尔”号轻巡洋舰一起，组成了一支力量强大的舰队。

8 日早晨，斯特迪的舰队正在斯坦利港内加煤。他准备一旦添足了燃料，就率部穿越麦哲伦海峡，到智利沿海去搜捕斯佩。当他得知斯佩的舰队正在向群岛接近时，立即下令舰队紧急备航。10 点正，斯特迪下令追击德舰。

福克兰岛海战英、德作战舰只火力装备表

国别	军舰名称	火炮数量尺口径
英国	“无敌”号战列巡洋舰	8×305 毫米
	“坚强”号战列巡洋舰	8×305 毫米
	“肯特”号装甲巡洋舰	14×152.5 毫米
	“康沃尔”号装甲巡洋舰	14×152.5 毫米
	“卡那封”号装甲巡洋舰	4×180.5 毫米；6×152.5 毫米
德国	“格拉斯哥”号轻巡洋舰	2×152.5 毫米：10×101.6 毫米
	“沙恩霍斯特”号装甲巡洋舰	8×208 毫米；6×152.5 毫米
	“格奈森诺”号装甲巡洋舰	8×208 毫米 6×152.5 毫米
	“莱比锡”号轻巡洋舰	10×104 毫米
	“纽伦堡”号轻巡洋舰	10×104 毫米
	“德累斯顿”号轻巡洋舰	

斯特迪识破了斯佩分散逃跑的伎俩。他针锋相对，命令自己的舰队分头追歼。他则亲自指挥“无敌”号和“坚强”号战列巡洋舰，攻击主要目

标“沙思霍斯特”号和“格奈森诺”号装甲巡洋舰。一颗颗重型炮弹飞越海空，倾泻到了斯佩的装甲巡洋舰上。“沙恩霍斯特”号艏部和艉部的水下部分被炸穿，海水汹涌而入：舱面上，烈火在四下蔓延。15 点 30 分，一发炮弹炸掉了第三个烟囱。“沙思霍斯特”号的还击越来越弱，最终完全丧失了战斗力。16 点 17 分，它冒看浓烟烈火，带着斯佩海军中将和全体舰员沉入了海底。

“格奈森诺”号中部中弹，一号锅炉舱被炸穿，海水涌入，被迫停止使用；三号锅炉舱也开始进水，全舰大火熊熊，18 点正，它也相继沉没了。

这时，英国“肯特”号装甲巡洋舰已经击沉了“纽伦堡”号轻巡洋舰：“康沃尔”号和“格拉斯哥”号正在猛烈轰击“莱比锡”号。德舰除了“德累斯顿”号和一艘供应船安全逃脱外，其余舰只均被“布里斯托尔”号轻巡洋舰俘获或击沉。

德国远东舰队“德累斯顿”号巡洋舰

这场福克兰海战，英国人无疑取得了决定性胜利。斯迪特以微不足道的损失，歼灭了斯佩舰队，取得击沉4艘战舰和2艘运煤船的战果。此后，德国人更是无力在大西洋、太平洋和印度洋上作战，余下的几艘战舰先后被击沉、或被赶回德国本土。在大洋上，德国海军与协约国舰船周旋的，只剩下一些威胁力不大的伪装猎潜船了。

第三节　日德兰海战

1916年初，德国新上任的大洋舰队司令官冯·舍尔海军上将决心打一场会战，以摆脱英国主力舰队远程封锁给德国海军造成的困境。

冯·舍尔

5月30日夜，英国诱敌舰队在贝蒂将军指挥下拔锚驶离苏格兰港口罗赛斯。第一、二战列巡洋舰队熄灭灯光先行，第五战列舰队距它们5海里悄悄尾随。当夜，主力舰队司令官、英国海军上将约翰·杰利科勋爵率领主力舰队从苏格兰北方奥克尼群岛斯卡帕弗洛海军基地出发，开往东南方伏击地点。德国诱敌舰队司令官希佩尔将军也从杰得河口基地出发，开向日德兰半岛西海岸。舍尔海军上将的大洋舰队同时开往设伏海域。

贝蒂的舰队刚出港，德国的巡逻潜艇就发现了。潜艇指挥官用电台报告了“敌人出动”的情报。该电文又被英主力舰队截获并破译。结果双方都以为敌人上了当，怀着紧张的心情开赴战场。

5 月 31 日下午 2 时 15 分。英舰“盖德利尔”号升起信号旗“发现敌舰”。同时，德军也认出了英舰，双方节节逼近。这时，6 艘英国舰只正从正西方插向德侦察舰队后部，企图截断其退路。下午 3 时 40 分，分散的英国第一、第二舰队汇合编成作战队形，根据英国海军传统，驶往东南上风方向，准备攻击。

15 时 48 分，双方都进入大炮射程，距离 16000 码，巨炮雷鸣般地响开了。无数的炮弹越过开阔的水面散落在军舰周围。英舰根据多格尔浅滩战斗经验，在远距离射击。德舰按既定方针，往东南方向边打边撤，并不想久战。

第一次世界大战开战后，德国重型水面舰艇采用了新式的全舰统一方位射击指挥系统，所有的火炮齐射时，弹着点分布小，新指挥仪在炮战中发扬了威力。15 时 51 分，德舰“吕措夫”号打了几次齐射，就将“雄狮”号的副炮塔炸得粉碎。接着，德舰“毛特克”的一发炮弹也命中“雄狮”前甲板。

日德兰海战英皇家海军第一战列巡洋舰编队驶往战区。
图中近处战舰为战列舰“雄狮”号

16 时整，“卢琴福”打来的一发德国穿甲弹钻透“雄狮”的 Q 炮塔，在炮塔内爆炸。所有操炮官兵非死即伤，英军乱堆在炮塔内的发射药被引燃，熊熊烈火包围了升弹机。为了免于引起大爆炸，身上多处负伤的炮塔指挥官哈维海军少校用双手爬着关死了炮弹舱和发射药舱的大钢门，拼命地打开进水阀，放进海水，连自己带炮塔一同淹掉，这样才熄灭了大火。

英德舰队的后卫也投入激战。19000 吨的英国战列巡洋舰“坚决”号和德舰“冯·德·塔思”号进行着殊死决斗。280 毫米的德国穿甲弹和 305 毫米的英国炮弹拖着桔色的尾迹流星般地在水雾中穿行。下午 4 时 4 分，德舰的交叉火力击中英舰“坚决”号。一枚德国穿甲弹穿透炮塔装甲，在炮塔内爆炸，立刻引燃乱堆的发射药。30 秒后，火灾终于烧到炮弹舱，接着便是山崩地裂的大爆炸。“坚决”号立刻左倾，翻转沉没。1017 名皇家海军官兵随舰葬身海底。

英舰“雄狮”号拖着一身创伤艰难地撤出战场后，它的对手之一、德舰“塞德利茨”号调转炮口，瞄准另一艘英国战列巡洋舰“玛丽女皇”号轰击。“玛丽女皇”号此刻正与德国战列巡洋舰“德·佛林格尔”号厮杀，在两艘德舰的夹叉射击下，“玛丽女皇”号简直无法招架。

16 时 20 分，“玛丽女皇”Q 炮塔被穿甲弹击穿，大炮无法操作。4 分钟后，德舰“德·佛林格尔”又打了一次齐射。“玛丽女皇”号负伤的 Q 炮塔又中了 3 发炮弹。又过了 2 分钟，“塞德利茨”也打中“玛丽女皇”号 Q 炮塔 2 发炮弹。这些炮弹穿过重重装甲，直到舱底才爆炸，把“玛丽女皇”粗壮的钢铁龙骨炸断。27000 吨的超级无畏舰“玛丽女皇”号一折为二。它沉人水中时舰尾的螺旋桨还翘到空中，沉船漩涡几乎把赶来救人的英国驱逐舰“新西兰”号也拖入深渊。

“玛丽女皇”号

皇家海军精华——战列巡洋舰在 1 小时内就被轰沉 2 艘，摧毁 1 艘，沉重打击了英军士气。下午 5 时，一直后撤的德国侦察舰队突然转舵，反身扑向单薄的英国舰队。英舰队被迫后退，进行顽强的后卫战，直到英军第五战列舰队赶到海战战场，这才扭转了英国海军的颓势。

英国第五战列舰队投入战场后，形势逆转。德军受到大口径炮的威胁，重新向东撤退。英舰“巴勒姆”号的一枚 381 毫米巨型炮弹在德舰“冯·德·塔恩”号水线下舰体上凿开数米直径的大洞。600 吨海水涌进船舱，“冯·德·塔思”号舰尾沉入海面。幸亏德国军舰按照提尔皮茨理论设计加强了防水结构，“塔恩”号终于控制了进水，但被迫撤出战斗。

德舰“空德利茨”号也负了伤，一座炮塔被击穿起火，仅仅由于采取发射药严密保管的措施，才避免了火势蔓延引起的大爆炸。希佩尔的舰队在冰雹般的英国炮弹下，狼狈后撤，几乎陷入危局。

此时，舍尔海军上将指挥由大小 70 多艘战舰组成的德国大洋舰队赶来。它们大多是无畏级舰以前的战列舰和巡洋舰。贝蒂用无线电向杰利科海军上将报告："敌舰队在东南方。"下午4时半，贝蒂唯恐舍尔不敢上钩，下令全体英舰投入攻击行动。英国旗舰"雄狮"号经过难以思议的抢修，恢复了航行，继续进行舰队指挥。一群英军驱逐舰向负伤减速的德舰"塞德利茨"号发射鱼雷。"塞德刊茨"躲闪不及，舰首被鱼雷炸开一个大洞。在德国大洋舰队的密集炮火下，英舰"巴勒姆"死伤63人，"马来亚"号上也有近百人死伤。贝蒂开始后撤，一边不断在无线电中向主力舰队呼救。

杰利科海军上将指挥的庞大主力舰队成6队纵列，浩浩荡荡在海上航行。由于天气恶劣，导航系统精确度不高，采用"Z"字航海术躲避德国潜艇，未能按时赶到战场。听到贝蒂呼救信号后，杰利科命令把全舰队航速从16节提高到20节。主力舰队的前锋是英国第三战列巡洋舰队。它在胡德海军少将指挥下经过高速航行，抢先赶到战场。

胡德的第三舰队还未到射击距离，就遭到10艘德国鱼雷艇的围攻，但所有鱼雷均被英舰躲开。当胡德找到挂着贝蒂将旗的"雄狮"号时，主动把第三舰队移交贝蒂指挥。胡德自己乘旗舰"无故"号投入炮战，晚6时15分，杰利科上将的大舰队才从东北方向杀入交战海区。

杰利科上将看到德军大洋舰队成线性纵列布阵，决心采用大胆的横穿"T"字头战术。该战术的实施，要求舰队从敌舰队中央穿过切断敌人纵队。突破点选择在敌人旗舰上，这样可以一举摧毁敌舰队指挥中枢。杰利科命令下达后，6列英舰并成一条长长的横列逼近德舰队。德国驱逐舰冲近英国舰队，准备齐射鱼雷，破坏了英军队形和战术企图。英军计划未能如愿，只好在远距离上和德舰互相炮战。

晚6时45分，德国舰队边打边向南方撤退。负伤的德舰“吕措夫”号落在后面，成了英国远程大炮的靶子，它被打得瘫在水面上不能动弹。英国第三战列巡洋舰队旗舰“无故”号由于冲得位置过于靠前，遭到暴风雨般的德军炮弹打击。德舰“德·佛林格尔”号的一枚穿甲弹引燃了“无故”号火药库，一阵爆炸就断送了“无敌”号和胡德海军少将的性命。另一艘英国装甲巡洋舰“防御”号也在帚佩尔的密集炮击中起火，被彻底摧毁了。

“无敌”号战列巡洋舰

在黄昏时的混战中，德国轻巡洋舰“维斯巴登”号也燃起大火，仅10分钟就被英军击沉。德国驱逐舰“S－35”号等轻型舰艇也被英军相继击沉击毁。

晚7时，天色黑下来。坐镇在旗舰“铁公爵”号上的英国海军上将杰利科看到在入夜前无法全歼大洋舰队，便决定先将它们包围起来等待第二天再吃掉。英舰队利用航速上的优势，从东南方向切人德国舰队和赫尔戈兰湾之间，截断了舍尔回港口的航路，形成包围阵势。

全部德国军舰都熄灭了灯光。它们不停地变换位置以逃避看不见的英国鱼雷。不少小型舰艇游戈在巨舰四周保卫大舰，结果自己中雷沉没。一些德国驱逐舰在暗中摸索着和英国人打仗，击毁了“提普拉尼”号驱逐舰等几艘英军轻型舰艇。

如果不能突围，天亮后杰利科上将的优势兵力和火力将给大洋舰队以致命的一击。德国海军上将经过仔细研究制定出突围计划，德国大洋舰队旗舰“弗·德·格罗塞”号用灯光和无线电密码向全体德国军舰发出了突围命令：“航向东南，突破英国舰队封锁。”德国舰队遵照舍尔上将命令，冒着纷飞的炮火和英国鱼雷，从英舰封锁线上杀开一条血路。

晚上1时45分，英国海军上校斯特林指挥的驱逐舰“福尔科奈”号射出的2枚鱼雷击中目标，德国旧战列舰“波迈仑”号被鱼雷引爆火药库，炸得稀烂，全舰无一人生还。德舰“埃尔宾”号中了鱼雷后失去操纵，为防止被俘自沉了。战列舰“吕措夫”号在希佩尔将军撤离后也被德国海军自沉。大洋舰队抛下失去行动能力的德舰“黑王子”号等数艘舰只，终于穿过英国皇家海军用钢铁和火焰编成的牢笼。

6月1日凌晨3时，全部德国舰队突破了英舰队封锁线，向杰得河口和威廉港飞奔。杰利科率领英国舰队衔尾穷追。赫尔戈兰湾一带是军舰的墓地。为了防御英军海上袭击，德国海军开战以来就在那里布下无数颗水雷。只有德国海军高级将领才知道雷区间有一条很窄的秘密水路。在黎明前最黑暗的时候，东南方出现了两颗鬼火样的灯光，那是德军专门设在合恩礁上的两艘灯船。舍尔上将在“弗·德·格罗塞”号上最后校对了一下罗经方位，找到了那条神秘水道的入口。舍尔下令全体舰队通过雷区，一艘接一艘的德舰在黑暗中通过水道。英国舰队咆哮着鸣炮接近雷区，水中的危险如此之大，它们中任何一艘也不敢贸然闯入死神的迷宫。杰利科上将下令返航，浩大的日德兰海战结束了。

德国人称他们是海战的胜利者。他们干净利落地轰沉了3艘英国第一流的战列巡洋舰。整个海战德军击沉英3艘战列巡洋舰、3艘巡洋舰和8艘驱逐舰，自己损失2艘战列巡洋舰、4艘巡洋舰、4艘驱逐舰。单从数字上看，似乎有些道理。可是，从整个海军战略着眼，英国说它是胜利者。因为它通过日德兰海战，封锁围困大洋舰队的目的已经达到了。在全球海洋上，除了少数德国海上袭击舰和潜艇外，全是皇家海军的天下。大洋舰队被困在海港中毫无作用，成了马汉所说的那种“存在的舰队”。

日德兰的战火考验证明堤尔皮茨理论的正确性。当“塞德利茨”号拖着24处大破口和5308吨浸水的躯体开入德国船坞时，造船家们得到了深刻的教训：只有注重生存力的战舰才能在海战中存活下来。以后各国的军舰都汲取了德国设计的水密结构和炮塔防护的优点，它们被称为“晚日德兰型”战舰。

日德兰海战是大舰巨炮主义的高潮。此后，德国海军一蹶不振。只有德国潜艇活跃在世界海洋上，到战争结束，它们一共击沉了1100万吨协约国船舶，这个惊人的数字说明：潜艇的效率比水面舰艇要高得多。

1918年，德国战败，11月11日，签订停战协定。根据协定，德国大洋舰队集结到英国斯卡帕弗洛海军基地。1919年6月，“凡尔赛和约”签字前夕，不甘让巨舰沦入敌人手中的大洋舰队官兵，暗中做好准备。6月21日，舰队司令一声“彩虹”暗语，所有巨舰都被凿沉了。提尔皮茨伯爵数十年的辛苦和梦想，也就从此灰飞烟灭。

第九章

大西洋上的纳粹合围

第一节　英德军备竞赛

大西洋位于欧洲、非洲、南北美洲之间，类似“S”型。两端宽中部窄，东西最宽约3700海里（6845千米），赤道附近最窄约1500海里左右（约2800千米），南北长约8500海里（15700千米），面积9336万平方千米，相当于太平洋面积的1/2，是世界第二大洋。它东、西分别经直布罗陀海峡——苏伊士运河和巴拿马运河连接印度洋和太平洋，有许多重要的属海和海湾。沿岸有50余个国家，其中西岸主要有加拿大、美国、墨西哥、古巴、委内瑞拉、巴西和阿根廷等国；东岸主要有挪威、瑞典、俄罗斯、德国、荷兰、法国、西班牙、葡萄牙、意大利、摩洛哥、利比里亚、尼日利亚、安哥拉和南非等国。

大西洋的战略地位非常重要，除了海洋资源丰富，沿岸的非洲、拉丁美洲国家也拥有许多战略资源。沿岸的欧、美发达国家，不仅经济发达，科学技术先进，占世界经济的比重大，占世界贸易额也最高，而且军事实力强，极大地影响着国际形势。

大西洋的航海历史悠久，在第二次世界大战前是世界航海的中心。第一次世界大战前夕，大西洋的货运量占世界海运总量的75%左右，到第二次世界大战前仍占2/3以上。大西洋的海运量巨大，沿岸港口众多，当时有4条具有战略意义的海上航线，对整个世界经济、政治等影响深刻。因此，海洋交通线至关重要。

1919年6月28日，德国在法国巴黎与战胜国签订《凡尔赛和约》。条约规定德国海军只允许装备不超过1万吨级的战列舰6艘，不超过6000吨级的巡洋舰6艘，不超过900吨级的舰队驱逐舰12艘，不超过200吨级的驱逐舰12艘，还可有少量辅助舰船，禁止装备作战飞机、潜艇和航空母舰。《凡尔赛和约》加剧了德国与战胜国之间的矛盾。

20世纪30年代资本主义世界空前的经济危机，加速了德国走上对外侵略扩张的道路。1933年希特勒上台执政，打破了《凡尔赛和约》的束缚，开始重整军备。

1934年，德国追加海军拨款。8月，希特勒秘密下令，在一年内把海军从《凡尔赛和约》规定的基础上增加一倍，并生产巡洋舰、潜艇和作战飞机，重建潜艇部队。1935年6月18日，英国继续采取“绥靖政策”，与德国签订海军协定，基本上废除了《凡尔赛和约》对德国军备发展所有的限制。德国有权恢复和法国海军规模相等的海军，建造相当于英国海军舰艇总吨位35%的舰船和相当于英国潜艇舰队总吨位45%的潜艇。德国在同意协定规定“一切潜艇应遵照海上捕获权作战、未经警告不得击沉舰船”的条件下，经特别允许，甚至还可以将潜艇吨位增加到100%，不过其舰种的吨位要适当的减少。这个协定，无疑为德国有计划地建设现代海军开辟了道路，使德国海军进入了迅速扩充时期。

战争爆发时，德国海军建制编有战列舰队、侦察（巡逻）舰队、潜艇舰队，共有15.95万人，舰艇排水量35万吨，主要装备有：

战列舰（旧式）　2 艘

战列巡洋舰　3 艘

重巡洋舰　2 艘

轻巡洋舰　6 艘

舰队驱逐舰　22 艘

驱逐舰　20 艘

潜艇　57 艘

19 世纪末 20 世纪初进入帝国主义阶段，特别是第一次世界大战后，英国开始日益衰落，霸主地位逐渐由美国所取代。英国是个依赖海上贸易的国家。在很大程度上，依靠由海路输入工业原料和粮食。海上交通构成英国本土的生命线。

英国军事当局认为，它的海军力量胜过德、意海军，只要采取第一次世界大战时行之有效的护航制度，就能够保障海上交通线的安全。英国海军使用的新式探测搜索设备（声纳）可以克服德国潜艇的威胁。

英国对德宣战时，海军建制编有本土舰队、地中海舰队、远东舰队和后备舰队，共有 19.49 万人，舰艇排水量近 130 万吨。装备有：

战列舰　12 艘

战列巡洋舰　3 艘

航空母舰　8 艘（其中 1 艘是水上飞机母舰）

重巡洋母舰　15 艘

轻巡洋舰　49 艘

舰队驱逐舰　119 艘

驱逐舰　64 艘

扫雷舰和岸防舰　45 艘

潜艇　58 艘（另 11 艘“H”型和“C”型潜艇不能参战）

1939 年 8 月 19 日，德国开始在通往英国西部的航道和北海英国东北沿岸附近展开潜艇。8 月 21 日，战列巡洋舰“施佩海军上将”号调往南大西洋，部署在南美洲东部沿海。8 月 24 日，又调战列巡洋舰“德意志”号驶往北大西洋。8 月 31 日，德国武装力量最高统帅发布第 1 号作战训令，规定英、法对德宣战时德国海军所担负的任务是：“以英国为重心进行反贸易战。”并指出“不得使敌人进入波罗的海。至于是否应在波罗的海进出口布雷，由海军总司令决定。”

“施佩海军上将”号

开战后不久，以雷德尔为首的德国海军统帅部深知实施战争的力量薄弱，转而赞同潜艇舰队司令邓尼茨的主张，以潜艇作为反贸易战的最好兵力，并确定海军重点是建造潜艇。

第二节　全面开战

1939 年 9 月 3 日，德国海军派遣驱逐舰“麻司”号和“马克斯绍兹”号驶向但泽湾，向驻泊在赫尔港的波兰海军驱逐舰“尉赤”号和布雷舰“格里夫”号炮击。当日，英国和法国对德国宣战。

同日晚，德国海军潜艇“U－30”号在赫布里底群岛以西约 200 海里处，击沉了英国客轮“阿锡尼亚”号，大西洋海战爆发。

战争开始后，英国海军采取的主要防御措施是进行远程封锁和组织护航运输队，战略意图非常明显，就是确保其海上交通线。

英国海军使用封锁的主要兵力是大型水面舰艇。英国海军部认为德国海军潜艇数量不多，主要是以水面舰艇破坏海上交通线。而战前英国海军部队已装备声纳，足以对付潜艇的威胁。因此，英国海军部最担心的是德国海军水面舰艇的攻击。

海军为了防备德国海军的一些舰只进入大西洋，派出了若干艘战列舰、巡洋舰和舰队驱逐舰在英国与加拿大之间、英国与美国之间的航线上，对航运实施直接警戒。并且规定经常变换运输船队的航线，在交通要道附近海区派出巡洋舰进行巡逻。

1939 年 9 月初，英国海军部组建了一支特别作战群，编有战列舰“纳尔逊”号和“罗德尼”号、战列巡洋舰“反击”号、航空母舰“皇家方舟”号、巡洋舰“曙光”号和“谢菲尔德”号、舰队驱逐舰10艘，以及北海巡逻队的舰船，用以阻止德军舰船进入大西洋，负责直接掩护英国和挪威之间的航运，还拟定使用驻泊在罗赛特和斯卡帕湾的海军主力支援北海巡逻队。英国海军部还抽调了一部分兵力在挪威海的南部和堡克尼群岛之间进行巡逻，组织一个舰群在接近多佛尔海峡的通道上巡逻，掩护向法国运送部队和装备。

“纳尔逊”号

为了控制接近英吉利海峡和爱尔兰海人口的西部通道，并掩护往返于英国和法国各港口之间的船只，英国在波特兰组建了一支名为“海峡部队”的舰艇支队。此外，英国还向直布罗陀派出了一个独立作战群（辖第3驱逐舰总队），负责阻止德国海军潜艇进入地中海。

另一项封锁措施是布设雷障。英国在1939年9~10月间分3个阶段在多佛尔海峡建立了水雷防潜区。10月，德国海军潜艇“U-12”、“U-40”

号潜艇通过多佛尔海峡时触雷沉没。德国被迫停止派遣潜艇通过英吉利海峡。此外，英国海军还在法罗群岛和冰岛之间的浅水区布设数条雷线。为了加强对德国海军的封锁，英国海军曾使用快速布雷舰和驱逐舰在德国控制的海区进行数次布雷。

德国海军潜艇的作战指挥权集中在潜艇司令邓尼茨手中。邓尼茨的潜艇司令部起初设在布勒斯特，后来迁至洛里昂。由于潜艇在海上活动数量增多和指挥的方便，德国海军潜艇开始按照邓尼茨战前的战术思想，采取艇群攻击。

邓尼茨

1940 年 4 月至 6 月，德军占领挪威和法国，把整个大不列颠岛置于其海、空军力量攻击之下。德国海军在挪威和法国诸港口建立潜艇基地，潜艇可由从比斯开湾基地出航直接进入大西洋，比从本国基地出航绕道英国北部进入大西洋缩短了约 450 海里的航程。这样，连作战半径仅 3100 海里的小型潜艇也能用于大西洋作战。同时，德国海军利用比斯开湾基地的修船厂维修潜艇。

从 1940 年 7 月起，由补给船在海上给潜艇补给燃油和鱼雷，大幅度提高了潜艇的在航率和参战率。1940 年夏秋雨季，平均有 10 ~ 15 艘潜艇在海上活动，其中约 2/3 在北海峡人口海域的主要战区活动。。这一时期，德国海军潜艇除攻击没有掩护的单独航行的船只外，以攻击护航运输队中的运输船为主。1940 年 9 月，德国击沉的 59 艘运输船中，有 40 艘是在护航运输队的编成中被击沉的。10 月 17 日至 19 日，德国 6 艘潜艇在罗卡尔以北海区击沉了由锡德尼驶向北海峡的“SC－7”慢速护航运输队和由哈利法克斯驶向英国的“HX－79”快速护航运输队中的30余艘运输船，取得大西洋海战期间一次最大的胜利。

1941年2月，德国海军潜艇战术又有了新发展，改由6～8艘或更多的潜艇事先在护航运输队可能通过的航线上展开艇幕巡逻线（各艇之间相隔20～30海里）。其中任何1艘潜艇发现目标后，报告潜艇司令部，由潜艇司令部组织艇群进行连续的夜间水面攻击。这种方法，后来称为“狼群”战术。

从1940年7月至1941年3月，德国海军潜艇共击沉盟军运输船380余艘（200万余吨）。这一阶段，德国海军的大型水面舰艇、辅助巡洋舰和远程轰炸机也都取得了显著的战果。德国空军的远程飞机主要在直布罗陀上空作战，1941年1月初才抽调一部分与大西洋的潜艇进行协同作战，每天只能在北海海峡进行1～2次，而且导航不够准确，影响了潜艇作战的效果。

1941年初，英国海军护航兵力有所增加，在1941年3月上中旬10天的日子里，先后在冰岛与赫布里底群岛间海区击沉德国海军5艘潜艇，其中包括3艘王牌潜艇。从此，德国海军潜艇向西撤离，开始了在横越北大西洋航线上的搜索作战。

1941年6月22日，德军入侵苏联，德国海军潜艇随后开始攻击同盟国驶往苏联北方港口的护航运输队。不过，1941年内，其战果甚微。

1941年12月8日珍珠港事件发生后，美国参战。德国海军潜艇开始在北美洲和中美洲沿海进行单艇作战。至此，大西洋海战全面展开。

第三节　高潮和转折

1941年12月8日晨，日本袭击珍珠港。当日6时20分，美国国会宣布与日本处于战争状态。12月11日，德、意对美宣战。同日15时30分，美国宣布对德、意进入战争状态，正式参战。

尽管美国海军的发展也曾受到1922年华盛顿会议和1930年伦敦协议的限制，以及国内和平主义者宣传的影响，但第二次世界大战爆发时，美国已拥有一定的海军实力。美国参战后，大西洋战场的海军力量的对比向更加有利于盟国的方面变化。

美国的参战，使德国实施无限制潜艇战的活动范围又扩展了两个海区：一个是美国和加拿大沿岸（从纽芬兰到佛罗里达），一个是包括墨西哥湾、加勒比海延伸到包括接近巴拿马运河通道在内的南美东北沿岸。

1942年初，希特勒在研究欧洲战局时判断盟国将要进攻挪威。在1月22日的会议上，他宣称挪威是："决定命运的地带"，坚持所有可以利用的舰艇都要向北转移，阻止盟国的进攻。1月下旬，德国海军战列舰"梯比兹"号、"海军上将舍尔"号，"吕佐夫"号向挪威基地集结。3天以后，邓尼茨首批派出8艘潜艇去掩护挪威的海上航道。希特勒还命令在布勒斯特港的"桑贺斯特"号、"格尼斯诺"号、"欧根亲王"号3艘主力舰冒险突破英国海空军封锁的英吉利海峡，撤回挪威基地集中。此时德国空军主力陷入苏联战场，不能更多地参加大西洋作战。

同级舰“海军上将舍尔”号

希特勒战略计划的改变，减少了在大西洋战场的兵力，对德国的大西洋海战来说，尤其是1942年1月至2月期间的作战带来不利影响。

尽管如此，德国在大西洋战场的战略企图非常明确，利用潜艇大量消耗盟国船只，实施“吨位战”，力图使击沉的船舶吨位超过盟国造船吨位。

1942年2月11日23时，德舰“桑贺斯特”号、“格尼斯诺”号、“欧根亲王”号、6艘舰队驱逐舰和3艘驱逐舰在齐利亚克斯海军中将指挥下驶离布勒斯特港。德军统帅部为确保突围成功，沿勒阿佛尔至荷兰部署了14艘鱼雷艇、3支快艇分队和多艘扫雷舰组成的战斗群掩护。英国海军部由于确认英国飞机于2月11日白天对“桑贺斯特”号的侦察照相，而未加对比分析，估计该舰装有防鱼雷网，未准备出航。分3路担任空中巡逻的飞机，一路由于雷达失灵中断了夜间搜索，致使德舰于11日夜间驶离了布勒斯特港而未被发现；一路于12日昼间发现德军快艇和大型舰只组成编队，误认为是运输队而来加注意，一路为了保持无线电静默返回机场后再作报告，致使德舰在12日昼间4小时内已通过了很长一段距离，其中包括最危险的一段航程，于12日11时35分航至格林海角而未遭攻击。

此后，德舰由于有法国、比利时和荷兰各机场起飞的约250架战斗机掩护，在驱逐舰等舰艇的护航下，经过与英军空军和鱼雷快艇的战斗，通过了多佛尔海峡，并在当日晚抵达赫耳果兰湾。英国海军部获悉德舰驶向多佛尔后，尽全力攻击德舰，但收效甚微。当日 12 时 20 分起飞的英军 6 架“剑鱼”式鱼雷机，因未能与战斗机会合，没有战斗机掩护，结果全部被德军战斗机击落。当日 11 时 35 分出动的英国海军 5 艘鱼雷快艇在距德国海军担任战列舰警戒的掩护艇 500 ~ 800 米处发射了鱼雷，也都未命中，后在己方迟迟赶来的护卫艇掩护下撤退。

继鱼雷快艇之后，英国海岸航空兵和舰队驱逐舰也先后发射鱼雷攻击了德舰。13 时 16 分，德舰进入宽阔海区，英国海岸炮兵进行射击，但 1 发也没命中。在阻击德战列舰中，空军轰炸机和战斗机起了较大作用。从发现德舰起，战斗共持续了 18 个小时。结果，德国损失 17 架飞机和 1 艘护卫舰，1 艘舰队驱逐舰受伤，“桑贺斯特”号、“欧根亲王”号各中 1 弹，“格尼斯诺”号中数弹，并触碰了英机所布水雷，后在基尔港船坞修理。此外，德军还有数艘小型船只和 1 艘驱逐舰被击沉。英军损失战斗机 17 架、轰炸机 15 架。

由于邓尼茨选择盟国防御薄弱的海域，采取有效的艇群攻击战术，在 1942 年前 7 个月，盟国总共损失 476 万吨，比上 1 年高出 46 万吨，平均每 4 小时就有 1 艘盟国船只被击沉。绝大部分是在美洲沿岸被击沉。

此时，德国不断地增加潜艇服役数量。1942 年 4 月，德国海军拥有 288 艇潜艇，其中有 125 舰参加作战，在大西洋战场集中了 81 艘。1942 年上半年的大西洋战场，德国在战略上处于优势地位。

1942 年 5 月，美国扩大了近海护航体系。7 月份，美国把护航体系延伸到加勒比海。

7 月 19 日，邓尼茨命令把作战重点再次转移到北大西洋的海运航线上。8 月份，美国对近海护航体系进行了重要改组，把近海 1000 多海里的交通线（包括加勒比海和巴拿马运河区的交通线）上的所有海上运输队的航线，都纳入了“连锁护航体系”。1942 年最后三个月，在美国东海防区、巴拿马运河海防区和墨西哥湾海防区，运输船的安全得到了保障。在加勒比海海防区损失也很少。

1942 年 8 月份，德国海军潜艇除在加勒比海仍加紧活动外，其主要精力集中在盟国护航运输队得不到空中掩护的大西洋中部海区，并开始采用新的战术。

1942 年 9 月，德国海军在大西洋上的作战潜艇第一次达到了 100 艘。10 月中旬，在作战海区的德国海军潜艇已由原先的 20 ~ 30 艘增加到 40 艘。

10 月份，德国海军潜艇多次攻击了护航运输队。10 月 13、14 日，“U－221”号潜艇两个晚上击沉“SC－104”号护航运输队 40 艘运输船中的 7 艘运输船（4 万吨）。10 月 27 日，还击沉“SL－125”号护航运输队的 12 艘运输船（约 8 万吨）。1942 年 8 月至 10 月，盟国被潜艇击沉的运输船平均每月 50 万吨以上。

11 月初，盟国发起“火炬”战役，为了保护北非登陆的运输队，削弱了大西洋上护航运输队的舰艇。德国为了抗击盟军登陆，把大量潜艇调到摩洛哥海岸附近，并要求在北大西洋所有油料充足的潜艇向直布罗陀海区集中。导致 11 月下半月北大西洋海区出现了“德国海军潜艇空缺”的现象。

12 月，德国海军潜艇在取得一系列小的胜利基础上，于 12 月底发动了一次大规模的战役，使盟国的“ONS－154”号护航运输队损失了 14 艘船只（7.5 万吨）。

1943年初，英国海军增加护航舰艇数量，油船开始随运输队航行，随时给护航舰加油。1月下旬，德国海军攻击“HX－224”号护航运输队和“SC－118”号慢速护航运输队，都取得了成功。

3月中旬，德国海军集中了38艘潜艇，在英国海军恢复空中掩护之前，总共击沉其中21艘船只（14.1万吨），而德国海军仅损失1艘潜艇，形成了大西洋海战的高潮。

1943年3月，美国、英国、加拿大在华盛顿专门召开的大西洋护航会议，调整了盟国护航体系，采用新的护航时刻表，组建了由统一指挥的反潜支援队，尤其是加强了空中力量，广泛使用护航航空母舰和新式雷达，将护航运输队的反潜作战由单纯的被动防御转为主动的搜索和进攻。会上还采纳了英国海军的建议，对各国承担的护航责任进行了重新调整，由英国和加拿大负责北大西洋的护航，美国承担大西洋中部（哈利法克斯南部港口以南至地中海）的护航和整个护航体系的连结部。

由于盟国加强了在大西洋战场的作战兵力，改消极防御为攻势防御的护航体制，1943年3月下旬，盟国在北大西洋战场的形势开始出现转机。英国海军西航道总司令马克斯·霍顿海军上将统一指挥以驱逐舰和护卫舰（有时派遣护航航母参加）组成的6支反潜支援舰队（其中包括1支美国的航母编队），对德国潜艇展开了更强大、更集中的反击。

3月下旬，盟国在北大西洋被击沉的船只降至15艘。4月起，美国加强了大西洋海区的空中力量，抽调了大量“解放者”式轰炸机在北大西洋海区作战，使这一海区现有超远程飞机的数量，由3月底的20架上升到4月中旬的41架，5月份达到约70架。这些飞机的活动半径（600～800海里）逐渐堵住了费尔韦尔角东南大西洋上的“空中缺口”。这样，盟国随时都有可能派遣飞机在空中指挥火力支援舰队作战，使德国海军潜艇难以进行“狼群”战。4月份，盟国仅损失25万吨运输船，而德国海军潜艇却被击沉13艘。从此，德国海军潜艇“狼群”战便开始破产。

第四节　德国的全面失败

1943年5月31日，邓尼茨给希特勒的报告中认为潜艇战出现的紧急情况，主要是“敌人空中掩护力量的极大增强”和盟国水面舰艇使用的“新式定位装置”。因此，他希望在技术上找到解决方法。

1943年5月底至6月初，德国潜艇装备的防空武器有了很大的改进。第1艘装备新式高射武器的“U－441”号潜艇就击落了1架“森德兰”式飞船。第1艘装备20毫米口径四联装高炮的“U758”号潜艇也成功地击退了盟国舰载机的几次攻击。德国还改进了音响跟踪鱼雷（即袭击螺旋桨的“寻的”鱼雷），以对付盟国的驱逐舰。8月份采用了一种名为“哈格努克——万策”的示波器，10月还采用了“纳克索斯”检波器，对付盟军新式定位装置起了很大作用。德国潜艇损失也明显下降。邓尼茨还加速实施潜艇建造计划，采取船体分段建造法，准备从1943的夏季至冬季重新开始对盟国运输队进行作战。

在战争的最后两年，德国领导人也多次研究了潜艇战的问题。德国海军潜艇舰队司令部对当时的战略形势及战术要求都作了总的估计。邓尼茨

第二次世界大战德国 U 型潜艇

认为，德国必须继续进行交通线作战，即使不能取得吨位战的胜利，也可"确实牵制敌人很大的兵力"并可经常了解敌人防御的发展情况和战术手段的变换。德国统帅部寄希望于建造和发展新型潜艇，以及潜艇战发生重大的变革。

1943 年 9 月，这种新潜艇在首次袭击"ON－202"号和"ON－18"号运输队的两次作战中，确实取得了令人鼓舞的战果。然而，1943 年 10 月 8 日，英国和葡萄牙达成协议，接管亚速尔群岛的两个空军基地。从此以后，盟国的空中掩护遍及整个北大西洋上空，北大西洋交通线的护航体系更加完善。

1944 年头 3 个月，德国海军潜艇损失更大。盟国横渡北大西洋的 105 支护航运输队的 3360 艘运输船，只有 3 艘被击沉，德国海军潜艇却损失 36 艘。邓尼茨因而取消了对护航运输队攻击。

1944 年 3 月底，邓尼茨奉命以 40 艘潜艇组成 1 支艇群在沿岸海区活动，以防盟军进犯西欧。到 5 月底，在比斯开湾各港口集结了 70 艘潜艇，以北大西洋只留下3艘潜艇，而这3艘潜艇只是继续担负气象报告的任务，德国放弃在北大西洋的潜艇战。

德国海军潜艇曾集中在法国西部港口，以抗击盟军横渡英吉利海峡，结果作用不大。8月中旬，盟军从诺曼底向内陆突进，逼近布勒斯特、洛里昂和圣纳泽尔等西部港口。德国海军潜艇转移到挪威。从此以后，来往于英国的船只，除可利用环绕北海岸的航线外，还可以重新利用环绕爱尔兰以南的旧航线。

从8月下旬起，德国海军潜艇从挪威或德国绕过苏格兰和爱尔兰以北，进入沿岸附近航行频繁的海区，远至英格兰南海岸的波特兰岬。德国海军潜艇虽然可以利用通气管潜航，减少了空袭所遭受的损失，但在1944年9月至12月的4个月中，在英国近海海区也仅仅击沉14艘船只。

1945年头几个月，德国海军潜艇舰队的规模还在继续扩大。一方面是新潜艇服役；另一方面是德国暂停了在大西洋的远距离作战和使用通气管潜航。1945年1月，德国服役的新潜艇达30艘。其中若干潜艇是新式改装潜艇，潜航航程较长，航速也较快。3月份，德国潜艇舰队数量达到高峰，共有463艘，其中约2/3是大型潜艇。

1945年3月份，盟国开始加强对德国军事设施轰炸，严重影响了德国潜艇的生产。飞机在波罗的海的布雷也阻碍了德国海军潜艇的试验和训练，从而阻碍了不断增长的新式潜艇服役。3月，盟军越过莱茵河，同苏军向柏林进逼。在战争的最后几个星期中，德国海军潜艇主要在英国东海岸和东北海岸外活动，战果很小。但在这些海区活动的新式潜艇却没有1艘被击沉。5月，德国宣布投降，共交出潜艇159艘，另203艘潜艇被其艇员自沉。

第十章

英意争夺地中海

第一节 英意矛盾

地中海位于亚欧大陆和非洲之间，东西长、南北窄，是世界上最大的陆间海。

地中海西经直布罗陀海峡与大西洋相连，东北经达达尼尔和博斯普鲁斯海峡通往黑海。它的北部被半岛和岛屿分割为爱琴海、爱奥尼亚海、亚得里亚海、第勒尼安海和利古里亚海。地中海从英属直布罗陀港到土耳其的伊斯肯德仑湾，东西长约4000千米；从利比亚的锡尔特湾到亚得里亚海北端，南北最宽约1800千米。面积约250.5万平方千米。

自古以来，地中海上航运发达，是联系南欧各国和亚、非等洲的重要水域，是连贯欧洲与中、近东各国，以及印度洋和大西洋地区的最短交通线，军事战略地位十分重要。

第二次世界大战爆发时，意大利的军事经济相当困难，一些极重要的战略原料国内储备不多，如煤、石油、橡胶、铜、锡、镍和其他有色金属都十分缺乏，粮食和棉花也不足，相当部分要通过地中海输入。同时，意大利在北非的殖民地，也得靠海上联系，故保护地中海的交通线至为重要。

当时，英国在地中海上占有直布罗陀，控制了地中海西部通往大西洋的门户。在东部，还占有苏伊士运河，掌握着出入印度洋的关口。英国在地中海中部，还占有马耳他岛。这是地中海交通的中心枢纽点，战略地位相当重要。英国控制了地中海的东、西两口，在争夺地中海的斗争中，对意大利是很不利的。

多年来，墨索里尼一直希望在地中海地区建立一个罗马帝国。为了实现这一目标，他征服了埃塞俄比亚和阿尔巴尼亚。在地中海妨碍他梦想实现的绊脚石，当时就是英国和法国。1939 年第二次世界大战爆发以后，墨索里尼眼看着德国在挪威和法国接连获胜，他唯恐再不动手为时太晚，便仓促制定参战计划。

战前，意大利法西斯广泛利用出版物，竭力煽动战争。意大利的企图是把英国赶出地中海，侵占巴尔干诸国，并扩大它在北非的殖民地。

在争夺地中海的斗争中，对意大利有利的是，它居于最好的地理位置——地中海中央，并有西西里岛和撒丁岛为其掩护，在本土和西西里岛有优良海港，如塔兰托、那不勒斯、巴勒莫等都是意大利的海军基地，使其海军在地中海的活动处于有利地位。

自法国投降法军舰队退出战争后，英国在地中海的控制更加发发可危。英国已经认识到意大利不参战的立场将很快变为公开参战。为此他们调整了原来对意大利的政策，开始加强其在地中海的力量。到 5 月底，英国海军在地中海已经拥有一支以 4 艘战列舰和 1 艘航空母舰为主的庞大舰队，其主要的作战基地也从马耳他移到了亚历山大港。与此同时，在直布罗陀集结了一支以 2 艘战列舰、1 艘战列巡洋舰、1 艘航空母舰、2 艘巡洋舰和 11 艘驱逐舰组成的“H”舰队。5 月 23 日，英国政府下令，为了海上缉私，禁止一切意大利商船通行。

随着德军在法国的不断胜利，意大利也急于参加对法行动，以便分享胜利果实。对墨索里尼来说，最实际的是借助这一有利的形势，达到独占地中海的目的。为此，意大利最感兴趣的是将英国赶出地中海。墨索里尼经常说，意大利在地中海是“囚犯”，只有砸开监牢的两把锁——直布罗陀和亚历山大港，意大利才能获得自由。

随着地中海形势的日趋紧张，意大利海军加紧了其参战前的最后准备工作。1940 年 6 月 6 日，墨索里尼宣布意大利 12 海里领海以内的任何水域均为危险航行区。6 月 11 日午夜，意大利政府正式对英、法宣战，地中海海战从此爆发。

战争开始时，意大利海军的设想是：在东、西地中海采取防御的态势；而在中地中海，则不惜一切代价来保卫从其本土至利比亚的海上运输。

意大利参战时，海军主要兵力有：战列舰 4 艘、巡洋舰 21 艘、驱逐舰 123 艘和潜艇 115 艘。舰队主要停泊在亚平宁半岛的塔兰托、那不勒斯、里窝那，撒丁岛的卡利阿里，西西里岛的特腊帕尼、巴勒莫，北非的的黎波里、班加西和托卜鲁克等港口基地。空军在地中海地区共有作战飞机 1684 架，但由陆军指挥部指挥，一般不用于海上作战。

地中海不仅是英国通往东方的生命线，而且英国与德、意两国争夺北非和巴尔干等战略要地，也必须确保地中海的海上交通线畅通无阻，因此，控制地中海对英国具有重要的战略意义。英国首相丘吉尔说过：“在战时，控制地中海是英国舰队的崇高职责。一旦达此目的，所有国家在北非海岸的地面部队都将受到决定性的影响。能控制地中海的一方就可以得到所需的兵力支援和物资补给，而另一方就像在花瓶中摘去花朵的枝条”。英国在地中海的战略企图就是要确保地中海海上交通线的畅通和北非的安全，进而威胁德、意两国在欧洲战场的南翼。

意大利鱼雷快艇中威力最强大的MAS艇

1940 年 3 月，在意大利没有参战前，英国、法国和土耳其三国就在叙利亚的阿勒波举行的高级会议上决定：在和意大利交战的初期，同盟国的基本战略是防御性的，目的是保卫盟国在地中海地区的殖民地和控制范围，如埃及、巴勒斯坦和叙利亚以及直布罗陀海峡、苏伊士运河。保护盟国至北非的海上交通线，维护盟国到红海的海上通道等。同时，破坏意大利至东非、北非的海上交通线。

法国投降后，英国对地中海的控制力量有了很大的削弱，过去是英、法舰队共同监视着一个非交战国，而现在英国却面临敌对的意大利，独自担负起整个地中海的防御任务。

1940 年，英国地中海舰队共编有战列舰 6 艘、航空母舰 2 艘、巡洋舰 9 艘、驱逐舰 31 艘、潜艇 18 艘。英国在地中海的主要海军基地是直布罗陀港、亚历山大港、塞得港和马耳他岛等。英国在地中海沿岸地区及其附近岛屿还驻有飞机 600 架左右，舰载飞机有 160 架。

战争前夕，意大利的海军除大型水面舰艇和海军航空兵不如英国外，海军轻型舰艇、陆军兵力和陆军航空兵在数量上都超过英国。

第二节　海战的全面展开

战争爆发时，意大利在地中海部署了 49 艘潜艇，对英、法航运进行侦察和袭击。但这些潜艇却被命令严格巡逻于指定的海区之内，同时意大利潜艇没有夜间水上作战的能力，故对英、法护航运输队的攻击，只能在白天从水下实施。所以战争初期意大利潜艇虽然在完成侦察任务方面有些成绩，但在破坏英、法航运方面却没有取得什么显著的战果。

在参战前几天，即1940年6月6日，意大利就在沿岸海区内布设防御性水雷障碍，几天之内即布下了数以千计的水雷。同时还派出6艘布雷潜艇在英、法占领区的港口周围和航道上布设了攻势水雷障碍。在意大利参战后6个月内，意大利在地中海共布设了16134枚水雷。意大利的水雷战收到了一些效果，在一定程度上限制了英、法舰队的自由活动。

6月28日上午，意大利“埃斯佩罗”号等3艘驱逐舰组成一支运输编队，在巴龙尼海军上校指挥下，从塔兰托港装运补给品，驶往北非。在公海上被英国侦察机发现并跟踪。当晚16时后，有5艘英国巡洋舰，利用黄昏时的日落余辉，距意舰20千米处进行攻击。意舰编队指挥官自知兵力悬殊，遂令其他2艘撤出战斗，自率“埃斯佩罗”号单舰作战以掩护其他两舰完成输送任务。最后，“埃斯佩罗”号被英舰集中火力击沉，但其他两舰得以安全抵达北非海岸。

由于法国投降后退出了地中海战场，使英国在北非面临意大利更加优势的兵力。从1940年6月至9月英国以相当物资和兵力加强马耳他岛和亚历山大港，而意大利方面也运输了14.8万吨的物资到利比亚。

1940年8月底，英国支援地中海舰队的海军作战舰艇，包括战列舰“勇士”号、航空母舰“光辉”号和两艘防空巡洋舰，利用当时地中海的恶劣气象条件，直接驶入地中海。

1940年10月28日，意军入侵希腊。为了对付意大利进攻希腊造成的局势，应希腊政府的要求，英国于10月30日占领了希属的克里特岛，以作为前进基地。

当时，由于英国战列舰“勇士”号、航空母舰“光辉”号和两艘防空巡洋舰已加入地中海舰队，英军在地中海的海军实力有了显著的增长，特别是舰载飞机有了加强。装备有新式战斗机和雷达设备的“光辉”号航空母舰，击落了一些意军的侦察机和轰炸机，从而使英国舰队的行动能保持不被意军发现。

10 月 27 日，英军航空兵对塔兰托港进行侦察，获悉意大利的主力舰队均集中停泊在塔兰托港。11 月 11 日傍晚，1 架英军侦察机对塔兰托港实施了侦察。11 月 12 日晚 8 时，“光辉”号航母驶到距塔兰托港 170 海里的爱奥尼亚海海面，分两波出动，每波以照明机领先，轰炸机居中，鱼雷机殿后。

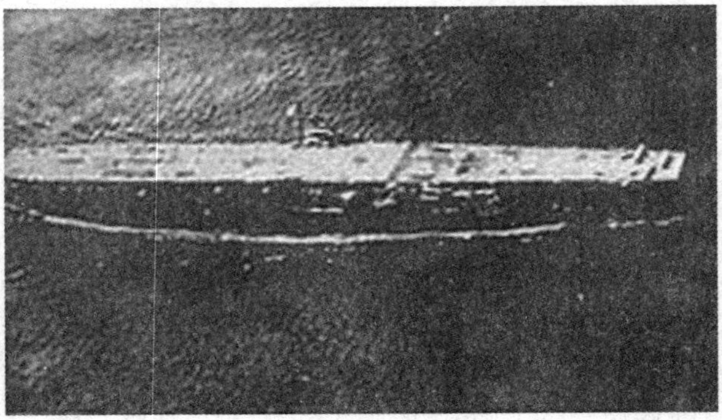

攻击塔兰托的英国航空母舰“光辉”号

第一波 12 架 20 时 40 分起飞，23 时到达塔兰托港上空。一小时后，第二波 8 架也到达。虽然意军有所准备，抗击的高射炮火也比较猛烈，但因有月光和照明机照明视界良好，意军停泊在外港的战列舰，轮廓非常清楚，故袭击效果很好，重创了意战列舰 3 艘，击沉巡洋舰 2 艘、轻伤战列舰 1 艘。造船厂也遭到严重破坏，迫使意大利舰队撤到那不勒斯港。英军只有两架飞机被击落，其余全部返回“光辉”号。

袭击塔兰托港后，英国在地中海的海上交通线可保持畅通，马耳他岛成了英国一个强大的前进基地。从埃及向马耳他岛进行补给基本上不受意大利海军的威胁。通过西西里海峡，从英国本土经马耳他到埃及的军事运输也较畅通。海上战场的有利态势，对英国正在进行的希腊防御战和利比亚进攻战起到了有力的支援作用。

以希腊和马耳他岛为基地，英国空军也从12月起对意大利南部各港口进行了轰炸，迫使意海军再次转移，并分为两部分，一部分到马达罗纳港，另一部分到卡利阿里港。这样意大利的海军主力进一步向地中海西部转移，使其海军在地中海的行动受到了很大的限制。

为改变这种被动的局面，1940年12月10日意大利海军进行了改组，海军参谋长由里卡迪海军上将担任，原舰队司令康姆皮翁尼海军上将担任海军副参谋长。改组后的意大利海军对前一段的海上作战行动进行了总结，充分强调了海军在地中海作战行动的长期性，以及控制地中海的海上交通线对其在利比亚和阿尔巴尼亚陆上战场的重要性。

1940年底，希特勒派出了约500架飞机，组成第10航空兵团，进驻西西里岛。其任务是保卫轴心国至北非的海上运输，阻止英国运输船队通过中地中海，并对马耳他岛实施空袭，使其处于瘫痪状态。

1941年1月6日，英国的一支由4艘船只组成的运输船队，在2艘战列舰，1艘航空母舰，4艘巡洋舰和若干艘驱逐舰的掩护下，经直布罗陀驶往马耳他和希腊。与此同时，以“厌战”号和“勇猛”号战列舰、“光辉”号航空母舰和7艘驱逐舰组成的编队，从亚历山大港出发前去接应这支运输船队。1月10日，会合后的英舰队在马耳他岛以西遭到了来自西西里岛的50架德军飞机轰炸。德机集中火力轰炸了英“光辉”号航空母舰，使其受重伤。

次日，英国的护航舰队在返回亚历山大港的途中再次遭到德机的袭击，英巡洋舰“格洛斯特”号和“南安普敦”号被击伤，后者因损伤严重，被迫自沉。

德国空军参加地中海的作战，使塔兰托事件后开始对英军有利的地中海形势发生了逆转。这使英国向中东的补给，必须绕过好望角，然后通过红海与苏伊士运河。这是一条非常漫长而且并不安全的航线。

1941 年初，德国和意大利的军事首脑在梅拉诺举行了 3 天的会议，在会上，德军谎称他们已击沉了英国的“厌战”号和“巴勒姆”号两艘战列舰，因此意海军以为在地中海英军只有 1 艘战列舰了。

1941 年 3 月 26 日深夜，安杰洛·伊亚金诺海军上将指挥一支分舰队从意大利南部的港口出发，驶向克里特岛海域，准备在英国运输船队开往希腊的途中进行截击。但此行动立即为英军指挥部获悉，于是英军命令运输船队迅速返回基地，并从亚历山大港和比雷埃夫斯港出动了由航空母舰“可畏”号和 3 艘战列舰、4 艘巡洋舰、13 艘驱逐舰组成的分舰队。

3 月 28 日拂晓，英航空母舰的侦察机发现了意舰队，稍后，意巡洋舰弹射的 1 架侦察机也发现了英巡洋舰编队。于是双方展开了炮战。

海战中，英军舰载航空兵对意海军编队进行了轮番袭击，使意战列舰“维托里奥·万内托”号遭受重伤。为扭转被动局面，意海军伊亚金诺将军一再申请空中支援。但德第 10 航空兵团以英舰位置不明为由按兵不动，意舰队只能后撤。但英军舰载飞机的袭击一直持续到天黑，意大利巡洋舰“波拉”号被炸成重伤，于是意方派出两艘巡洋舰和两艘驱逐舰去援救“波拉”号。

在距马塔潘角西南100海里的海面，这支意大利海军编队在夜暗中同突然赶来突击意舰的英国分舰队遭遇，英国战列舰借助于雷达在近距离内以重炮轰击，最后意大利有3艘巡洋舰和2艘驱逐舰被击沉、1艘新式的战列舰重伤，约3000名海军官兵葬身海底，而英军仅损失飞机1架，护航舰艇和运输船无一损伤。

由于意大利海军的重大损失，在一个时期内，英国地中海舰队能够较顺利地破坏德、意向北非的军事运输并确保自己海上运输的安全。

1941年4月，德、意军队开始入侵希腊。在兵力居优势的德意军队面前，希军大部分投降。为了不再使国家遭受战争的蹂躏，希腊国提出了非正式的建议，要求英国不再向希腊派遣部队，并撤走已在希腊的英国部队。为此，驻希腊的英联邦部队向克里特岛和埃及撤退。

克里特岛位于地中海东部，全岛面积约8220平方千米，岛的北部地势平坦，建有3个机场和两个港口，并有一条公路相连。克里特岛是西欧到中东的海上必经之地，是爱琴海的门户，是英国防守马耳他岛和埃及苏伊士运河的一个前哨据点。它与马耳他岛、亚历山大港互为犄角，对英国在地中海的作战活动具有极大的战略意义。

为了确保英国在地中海、北非和中东的利益，英国战时内阁决定抽调从希腊撤出的兵力的40%，来加强克里特岛的防御。

为了夺取克里特岛地区的制空权，德军航空兵从4月底开始对岛上的英军机场进行空袭，到登陆前五六天，又开始增大兵力和强度，进行更加猛烈的袭击。

5月20日凌晨，德军的空降引导小组先行空降，尔后用发光信号为运输机和滑翔机标示了空降地区。21日夜，德军派出了一支由摩托艇队组成

准备转移到克里特岛作战的德国第六山地军

的海上登陆输送队，携带大炮、汽车和轻型坦克，由鱼雷艇护航，企图利用夜暗将山地步兵营运至克里特岛，增援空降部队。

正在克里特岛以西海域巡逻的一支英巡洋舰编队，在离该岛 20 海里处发现了该摩托艇队。英巡洋舰编队对其进行了截击。经两个半小时战斗，击沉德军运兵的轻帆船 12 艘、商船 3 艘，溺毙德军 4000 余人。

当晚，另有英军 3 艘驱逐舰炮轰了德军在罗德岛的主要空军基地。同时，由 2 艘战列舰和 8 艘驱逐舰组成的分舰队，在罗林斯海军少将指挥下，也在克里特岛以西海域警戒，以阻止意大利海军配合德军人侵克里特岛。

22 日黎明，又有 1 艘德军运兵船被击毁。10 时，一支德军登陆兵输送队被英国舰队发现，德军船队立即返航。而英国舰队却遭到了德国空军的袭击，前后被击沉巡洋舰 2 艘、驱逐舰 1 艘，被击伤战列舰 1 艘、巡洋舰 2 艘。

到 22 日，德军的空降部队修复了马利姆机场、并开始以平均每小时 20 架次运输机和滑翔机的速度向岛上运送部队。

随后几天里，英军在海上、陆上接连失利。5月23日，驶往亚历山大港的2艘驱逐舰被德机炸沉。26日，在攻击卡尔帕托斯岛上的机场时，“可畏”号航母和另1艘驱逐舰遭受重伤。

26日深夜，英军决定撤离克里特岛。5月28日，根据坎宁安将军的“决不撇下陆军不管”的指示，英3艘巡洋舰和6艘驱逐舰从亚历山大港起航，开往克里特岛的伊拉克林地区。29日、30日夜，都有英舰船接运守岛部队外撤。

经过3天奋战，英海军舰船从克里特岛撤出陆军部队的75%约17000人。在撤运过程中，有3艘巡洋舰和6艘驱逐舰被击沉，1艘航空母舰、2艘战列舰、5艘巡洋舰和7艘驱逐舰被击伤。

6月1日，德军占领了全岛。此次战役，英军伤亡1.3万人，但由于他们的顽强抵抗，德军损失了400架飞机，伤亡1.5万~2万人，其中包括德军唯一的1个空降师官兵5000人。

第三节　争夺马耳他

1941年5月意军占领了克里特岛后，加紧了对英军从埃及到马耳他岛海上交通的破坏，英军的海上交通线几乎到了断绝的地步。而从克里特岛到北非的海上通道被牢牢地掌握在德、意军手中。

德国出于其本身利益的考虑，将德第10航空兵团从地中海调往巴尔

为封锁英舰经由地中海向北非英军运输给养，

意海军布雷舰出海布雷

干，随后又调往苏联边境。德军第10航空兵团撤离地中海，使得意大利不得不暂停对马耳他岛的轰炸。为继续保持对英海上交通线的压力，意大利转而从海上对英军马耳他岛的航线进行破袭。

马耳他岛位于地中海的中心，它不仅作为舰船往返直布罗陀和亚历山大港的一个中间停靠站，而且它正好横跨意大利至利比亚的主要航线。自从战争开始以来，马耳他岛一直是严重威胁从意大利到北非的海上交通线的战略要地。

1941 年 7 月 20 日夜间，英国的运输船队从直布罗陀启航，该船队由 6 艘物资运输船和 1 艘军队运输船组成，经西地中海运送兵力 5000 人和物资到马耳他岛。途中遭到意潜艇和飞机的攻击，在付出一定的损失后，于 24 日夜间抵达马耳他岛。

9 月份，英国又组织了一次从直布罗陀向马耳他岛的护航。1941 年 10 月，为了阻止德、意军对北非的补给，英国又将一支由巡洋舰“曙光女神”号、“贞妇”号和两艘驱逐舰组成水面舰艇分舰队派驻马耳他岛的瓦莱他港，以进一步扰乱意军横渡地中海的交通线，截击在潜艇和飞机协同攻击时可能漏掉的意军船只。

1941 年 11 月下旬，意军组织了一次较大规模的补给行动。遂行这次补给任务的是 8 艘大型运输船，编成 4 个船队，分别从 3 个港口出发。途中遭到英舰和飞机的袭击，损失严重。到 1941 年下半年，意大利海军已无力保证大型运输船队在海上航渡的安全，而大型运输船队又容易招引英海军的注意并遭到攻击。因此，意海军便组织小型运输船队，采取分散编组，分别驶往目的地的办法，以避免英军集中袭击，同时还派出一支掩护兵力，随时支援海上遇险的护航运输队。

1941 年 12 月中旬，英第 8 集团军在北非突破了德、意防线，以迅雷不及掩耳之势，占领了利比亚的德尔纳港，并向班加西迅猛推进。北非战场上的德、意军队至 1941 年 12 月已完全陷入被动态势，急需补给作战物资。

1941 年 12 月中旬，意海军倾其全力组织一支护航运输队。该队由 4 艘大型运输船和 8 艘驱逐舰组成，于 11 月 16 日驶离那不勒斯港，开往的黎波里。在即将到达的黎波里港时，受到马耳他岸基航空兵的袭击。12 月 19 日上午，意护航运输队终于平安到达目的地。这是在近两个月里，意海军的护航作战所取得的一次完全的胜利。

1942年1月中旬，德军第2航空兵团进驻西西里岛后，开始对马耳他岛实施不间断的轰炸，英军在岛上的防御陷于瘫痪状态。驻泊的舰艇部队不得不撤离，在港2艘驱逐舰、4艘潜艇、1艘油船以及许多小型舰艇，因遭到空袭而葬身海底。到1942年4月，德、意飞机对马耳他岛的空袭达到最严重的程度，总计昼间达4082架次，夜间达256架次。与此同时，意海军舰艇，德军的鱼雷艇还在马耳他岛周围海域进行监视和布雷。5月初，英海军扫雷艇、潜艇和拖船各有1艘因触雷而沉没。

由于受到海空封锁，海上交通线被切断，得不到补给，驻守马耳他岛的英军严重缺少弹药、武器和粮食。连英国人自己也承认，到了“几乎绝望”的境地。后来，美海军的巡洋舰和航空母舰编队加强到地中海，并不断向马耳他岛输送“喷火”式战斗机，从而增强了同盟国军在马耳他岛和地中海的航空兵力。加之苏德战场形势对德军不利，其陆地前线不断告急，进驻西西里岛的德国第2航空兵团被迫从地中海地区抽调去苏德战场，轴心国才不得不放弃攻占马耳他岛的企图。

为了保证对马耳他岛英军的急需物资的补给，3月20日，英海军派遣一支由4艘运输船，1艘防空巡洋舰和7艘驱逐舰组成的护航运输队，从亚历山大港出发，前往马耳他岛。3月22日，意截击编队在锡尔特湾北面海域发现了英护航运输队，15时30分开始炮战。到夜间，装载着主要物资的英军4艘运输船在海战中未受到任何伤害，但其未能按时抵达马耳他岛。第二天拂晓，德机在马耳他岛以南海域袭击了英运输船。结果，英船1艘被击沉，1艘重创搁浅，还有1艘驱逐舰在赶去增援时触雷沉没。英军的另外2艘运输船靠岸后，刚卸下部分物资，就被德军飞机炸沉。英军运往马耳他岛的25900吨补给品中，只有5000吨卸载到岸上。尽管如此，英军仍解决了岛上的部分急需。

第二次锡尔特湾海战后，德、意航空兵加强了对马耳他岛袭击，在马耳他岛的瓦莱塔港内剩下的2艘英军驱逐舰，均先后被炸沉，3艘潜艇（包括1艘希腊潜艇）以及许多小型舰艇也被炸坏。1942年4月中旬左右，驻马耳他岛的英潜艇支队开始向亚历山大港转移。1942年6月初，德、意军对马耳他岛的空袭已大大减少，但海上封锁仍然使该岛处境困难。

1942年6月中旬，英军同时从直布罗陀港和亚历山大港各派出一支大型船队，经东、西地中海驶往马耳他岛，并分别将这两次输送命名为“鱼权”战役和“有力”战役。其中“鱼权”战役仅有2艘运输船安全抵达马耳他岛，共载运物资约1.5万吨，但有4艘运输船和2艘驱逐舰被击沉，1艘巡洋舰、3艘驱逐舰和1艘扫雷舰被击伤，损失飞机12架，意军仅1艘驱逐舰受伤，损失飞机约22架。“有力”战役不仅未能达到向马耳他岛输送的目的，反而损失了巡洋舰1艘、驱逐舰3艘、运输船2艘，被击伤巡洋舰2艘、护卫舰1艘、运输船2艘。

1942年6月18日，德军突破了英军在利比亚的防线，7月初推进到距亚历山大港约20千米处，驻亚历山大港的英海军舰艇匆忙撤到红海基地。英国为确保埃及和准备在北非发动反攻，于8月中旬对处于孤立和饥饿状态的马耳尔他岛进行了增援，此次行动命名为“台脚”战役。到15日晨，英海军共有5艘运输船先后到达马耳他港，2艘航空母舰和2艘巡洋舰、1艘驱逐舰被击沉，多艘舰艇被击伤。虽然损失惨重，但是这次输送在一定的程度上缓解了马耳他岛的物资馈乏的局面。这次护航战役不仅为确保马耳他岛奠定了基础，也为盟军发起反攻，进军意大利半岛创造了条件。

第四节　意大利的投降

1942 年 5 月 26 日，隆美尔在北非发动了进攻，6 月 20 日，英军坚守的托卜鲁克陷落。几天之后，隆美尔的军队到达马特鲁港，接着又挺进到了阿拉曼。然而，在亚历山大的大门口，虽然英国军队处于一片混乱之中，但隆美尔此时却只剩下 26 辆坦克了，这些坦克缺乏汽油，他的士兵已精疲力竭，由于人员和装备得不到补充，隆美尔的攻势被遏制。虽然隆美尔于 9 月 1 日又发动一次攻势，但仅四天，就被英军牵制住了。

隆美尔

英军对北非破交战的胜利，使在利比亚作战的德、意军陷入了困境。到 1942 年 10 月 23 日英国第 8 集团军转而向德军发动了进攻，迫使德、意军后撤，11 月 13 日英军又进入托卜鲁克，20 日进入班加西。

1942 年 6 月下半月，英、美两国政府就美国积极介入地中海战区的军事行动达成协议，接着美国总统罗斯福和丘吉尔作出了从海上进攻北非的决定。7 月 25 日，在伦敦召开的英、美两国参谋长联席会议上，批准了美国和英国武装力量进行北非登陆战役的总计划，并命名为“火炬战役”。

登陆时间原定为10月30日，后改为11月8日，美艾森豪威尔将军被任命力两个同盟国北非登陆作战的总司令，海军总司令是英国地中海舰队司令坎宁安。登陆作战使用的兵力共10.7万人，其中美军8.4万人，英军为2.3万人，分别编成为东、中、西三个特混舰队。

艾森豪威尔

东部特混舰队于10月22日启航离英，由英国本土舰队的部分舰只和2艘航空母舰的舰载机以及驻扎在英国本土、直布罗陀、马耳他岛的岸基飞机担任沿途的海上和空中掩护。11月5日至6日夜间，该舰队与中部特混舰队会合，同时通过直布罗陀海峡。通过海峡后，转为向马耳他岛航行，以迷惑对方。在驶抵目标区北部海面后突然改变航向向南航行，直驶各预定上陆海滩，取得了很好的奇袭效果。8日18时，当地法守军停止抵抗，于是预定由各海滩登陆的部队和物资均先后从阿尔及尔港上陆，阿尔及尔遂为盟军所控制。

为夺取奥兰港，中部特混舰队的登陆部队按预定计划分别在“X”、“Y”、“Z”三个海滩登陆。11月10日，东西两路的登陆部队攻抵奥兰城郊，奥兰即为盟军占领。

西部特混舰队负责实施摩洛哥方向的登陆作战。10月23日，西部特混队从美国东海岸出发。11月7日，西部特混舰队分兵前进，各路突击舰群均胜利的完成了航渡任务，抵达预定登陆的海滩附近，并开始进行突击上陆的准备，其中北路突击舰群于 11 月 11 日终止战斗，中路突击舰群于 11 月 7 日午前完成了对费达拉的占领，南路突击舰群于 8 日在萨菲港成功上陆。

北非登陆战役的成功，为尔后发动西西里岛登陆战役和诺曼底登陆战役创造了有利的条件，并彻底解除了德、意军对马耳他岛的长期围困状态；还为美、英军向北非德军发动东西夹击的钳形攻势奠定了基础，使称雄一时的隆美尔部队腹背受敌。

自 1942 年 11 月中旬起，德国海军为从海上封锁北非的大西洋沿岸地区，在直布罗陀以西展开了 25 艘潜艇，企图切断盟军对已上陆部队的供应。此外，在西西里岛至突尼斯海岸之间又紧急设置两道平行的长 120 海里的水雷障碍。

为了保卫自己的交通线免受意军大型水面舰艇的袭击，盟军在地中海的交通线上加强了掩护兵力，计有航空母舰 1 艘、舰队驱逐舰 12 艘，使得意大利海军的兵力一次也未敢出击去阻挠盟军护航运输队在地中海的频繁活动。在这个时期，德、意军也曾试图保卫自己的地中海交通线，以便给北非作战的部队运送援兵和物资。但由于盟军海空兵力积极的破交行动，使德、意军在海上交通线上付出了惨重的代价。

随着盟军舰艇和航空兵逐步进驻北非各个基地，对德、意海上运输的袭击便日益加强，使德、意军对利比亚和突尼斯的补给也日益困难。1942 年 11 月，德、意军由海上运往利比亚的物资损失了 26%，12 月损失增加到 52%。运往突尼斯的物资损失也达到 23%。1942 年 11 月至 12 月，在地中海被击沉的德、意船舶就有 106 艘（总吨位为 177988 吨）。盟军对德、意军海上交通线的破坏，使德、意军在北非的处境更加恶化。由于轴心国护航运输船队不断受到同盟国空军的密集突击，和水面舰艇、潜艇的袭击，德、意军在1943年头4个月内就损失了330艘运输船（总吨位为47万吨），还有许多运输船被击伤。船舶吨位的大量损失，迫使希特勒抽调大量运输机保障对突尼斯作战部队的供应，但同盟国的空军同样使轴心国的运输机遭到重大损失，仅仅在4月一个月内，就使德军损失了117架运输机。到此，轴心国至突尼斯之间的海上交通线实际上已经被切断。

1943年5月7日，美、英军占领了德、意军在北非的最后供应基地——突尼斯港和比塞大港，非洲德、意军的各兵团退向突尼斯北部的邦角（即阿达尔角）。美、英军集中全部兵力对突尼斯的德、意军实行紧逼封锁，只有数百人逃到了西西里岛，其余的德、意军队全部投降了。

突尼斯战役结束后，意大利在北非的殖民地全部丧失，军事、政治危机日益严重，意大利海军由于燃料不足，士气低落，不能在地中海发挥作用。

1943年7月9日，盟军对西西里岛实施了登陆作战。西西里岛登陆战役盟军最高指挥官为艾森豪威尔上将；地面部队指挥官为英军陆军上将亚历山大；海军部队指挥官为英国海军上将坎宁安；空军部队指挥官为特德空军元帅。战役指挥部设在马耳他岛。

参加登陆战役的地面部队是美第7集团军和英第8集团军，两个集团军统一组成第15集团军群，归亚历山大将军指挥，总兵力约47.8万人。海军部队共出动了各种舰船约2600艘，分为三个特混舰队。意海军总部考虑到舰艇缺少足够的空中掩护，下令禁止舰队在美、英军空中突击所及的西西里岛周围海域作战。西西里岛的防御主要依靠地面和空军来实施。

为了夺取制空权和制海权，美、英驻北非和中东地区的海、空军从5

月 13 日起便开始对意大利本土、撒丁岛、西西里岛及希腊的机场、港口、交通枢纽、部队集结地域、雷达站等目标进行了广泛、猛烈的轰炸和炮击。从 5 月 13 日至 7 月 9 日，盟军空军共出动飞机 42227 架次。从而迫使德、意军把岛上的 1400 架飞机全部撤走。撒丁岛上近 20 个机场和意大利本土的 5 个港口不能使用，处于瘫痪状态。

1943 年 7 月 8 日，美军第 7 集团军第一梯队的登陆运输队从北非 6 个港口启航，英军第 8 集团军由中东和北非港口启航。7 月 9 日，所有护航运输队均抵达会合地域，英军船队集中在马耳他岛东南，美国和加拿大船队集中在马耳他岛以西。9 日晚，运载登陆兵的护航运输队启程，于登陆前 5 小时抵达各展开地域。7 月 10 日 3 时，盟军登陆兵在舰炮和航空兵的支援下开始登陆。

7 月 12 日晨，美军第 7 集团军第一梯队和英军第 8 集团军第一梯队登陆完毕。7 月 15 日，美、英 2 个集团军已连接成统一的登陆场，美军第 7 集团军各部队开始向北推进，7 月 22 日，美军抵达西西里岛北岸，进占巴勒莫。

从 7 月 25 日，墨索里尼下台 原来就不积极抵抗的意军成批地投降。德军指挥部不得不靠自己的兵力防守西西里岛。8 月 6 日，英军占领港口城市卡塔尼亚。8 月 14 日，美军占领埃特纳火山山头。到 8 月 17 日，美、英军先后进入东北重镇墨西拿，从而占领了全岛。

西西里岛战役后，意大利国内已掀起了推翻法西斯制度和反对战争的高潮，迫于形势和各方的压力，1943 年 7 月 25 日，意大利国王解除了墨索里尼的职务，并推出了彼得罗·巴多利奥元帅为首的新政府。新政府上台后，一方面仍旧敷衍希特勒，另一方面开始与盟国谈判退出战争的条件。经过紧张而秘密的谈判，意政府最终同意正式宣布投降并退出战争。

1943 年 9 月，盟军在意大利南部的萨勒诺进行了一次较大规模的登陆战役，其代号为“雪崩”作战。登陆战役的总指挥为英国的坎宁安海军上将，地面部队为美第 5 集团军由美陆军中将克拉克指挥，海军兵力由美海军中将休伊特指挥。参加登陆作战的兵力分为南部登陆编队和北部登陆编队。9 日凌晨，各登陆输送队抵达各自的换乘水域，开始实施上陆战斗。9 月 16 日，由西西里岛越过墨西拿海峡北上的英第 8 集团军的前锋部队和美第 5 集团军会合，从而使德军不得不放弃萨勒诺和那不勒斯。

美第 5 集团军在萨勒诺登陆的同一天，意大利政府正式宣布了投降决定。在意大利正式宣布投降之后，盟军和德军在意大利半岛北部仍不断地进行作战，直到 1945 年 5 月 2 日德军残部投降为止。根据盟军与意大利签定的停战协定，意海军所有军舰，连同舰员和武器必须转移到盟军指定的港口去。意海军执行了这个协定，除在转移过程中被德军击沉的外，都相继转移到了同盟各港口。至此，第二次世界大战地中海战区的作战以意大利海军无条件投降而结束。

第十一章

美日太平洋上的较量

第一节　亚洲的权益之争

太平洋位于亚洲、大洋洲、拉丁美洲、北美洲和南极洲之间，东及东南由巴拿马运河和麦哲伦海峡、德雷克海峡与大西洋相通，西经马六甲海峡、巽他海峡等与印度洋相接，南北长约 8585 海里（15900 千米），东西最宽约 10745 海里（19900 千米），面积约 17968 万平方千米，居世界各大洋之首。

太平洋地区有近 40 个国家和地区，西岸有俄、中、日、越和印尼等 12 国，东岸有加、美、墨、巴拿马和智利等 13 国，大洋洲有澳、新、斐济和瑙鲁等 10 余个国家和地区。太平洋是世界上岛屿最多的大洋，岛屿面积约 440 万平方千米，占世界岛屿面积的 45% 左右。

太平洋除了蕴藏丰富的海洋资源以外，还拥有较发达的海上交通线，海运货运量仅次于大西洋，对世界、尤其是对远东地区影响很大，战略地位非常重要。

1931 年 9 月 18 日，日本进攻我国东北，激起了中国人民的极大义愤。在中国共产党的领导下，自 1936 年 12 月西安事变后，中国的抗日民族统一战线开始形成。日本企图迅速灭亡中国，又于 1937 年 7 月 7 日，发动了全面侵华战争。由于中国人民的坚决抵抗，1938 年冬，中日战争进入了战略相持阶段。

1940 年 6 月，近卫文磨再次组阁。第二次近卫内阁与大本营连续举行会议，通过了“基本国策纲要”（对内政策）和“适应世界新形势处理纲要”（对外政策）。对内加强法西斯统治，推行以天皇为中心、统制全国一切政治和经济的“新体制”运动，建立所谓“国防国家”，以准备更大规模的侵略战争；对外则图谋迅速灭亡中国，并决定以“南进”为其对外侵略的主要战略方向，加强同德、意的军事同盟，作好同美、英开战的充分准备。

1940 年 9 月 23 日，日本入侵法属印度支那半岛北部，并决定从所占领的印支半岛的航空基地起飞，对中国境内的滇缅公路进行轰炸，以期切断美英援华通道。9 月 27 日，德意日签订《柏林公约》，日本加入德意轴心阵营，企图迫美压蒋“议和”，以摆脱侵华战争的困境。

早在 9 月 25 日，美国已决定追加对中国的贷款，26 日又发表了对日禁止出口废铁和钢铁的声明。10 月 8 日，英国政府决定重新开放滇缅公路。这样一来，日本用武力所没有解决的中国问题，用诱降、割断中国的外援等办法也不能奏效。

旷日持久的侵华战争，使日本元气大伤，导致了日本国内的经济和政治危机进一步加剧。日本为了摆脱困境，把希望寄托在“南进”上。

东南亚地区存在着支持其侵略战争所必需的基本物资，如荷印的石油、法印的锡、马来亚的橡胶、铁矿和镍等。加之东南亚地区战略地位重要，如果日本控制了印度支那半岛，不仅对印度构成直接威胁，而且北上可对中国的南方和西南方进行侧翼包抄，并且可完全切断西方国家与中国的交通。日本夺取了东南亚海区，还可以以东南亚诸岛为基地，西进印度洋，切断西方国家到远东地区的海上通道，并与德国和意大利在欧、非两洲的战略行动相呼应。

日本的“南进”政策加剧了日、美争夺亚洲和太平洋地区的矛盾。

1921年，美国在华盛顿会议上推出了“门户开放、机会均等”的政策，至20世纪30年代，美国已在相当程度上控制了中国的经济，并对中国进行了多方面的政治和文化渗透，打破了日本妄图独霸中国的局面。日本对中国则采取武力扩张，日本发动“九·一八”事变和“七·七”事变以后，损害了美、英等国在华的重要政治和经济利益，给了美国以相当震动。但当时美国因穷于应付国内经济危机，寄希望于日苏冲突，故与英国合谋推行远东慕尼黑政策，一再绥靖日本。

1939年8月23日，德国与苏联签订互不侵犯条约后，日本“东进”受阻，进而主要考虑“南进”，于是日、美之间的矛盾进一步激化。

1941年4月13日，日本与苏联签订了日苏中立条约。1941年6月22日德国进攻苏联后，日本“南进派”认为，苏德战争的爆发，解除了日本“南进”的后顾之忧，当务之急是决心实施“南进”的既定国策，夺取南方战略物资以对付中国的持久作战，解决中国战场的问题、再腾出手来“北进”，便可轻而易举地攻占西伯利亚。日本大本营和内阁为此召开了多次会议，最后采纳了“南进”主张。

1941年7月2日，日本御前会议通过了《帝国国策纲要》，确定不论世界形势如何演变，日本均将以建立“大东亚共荣圈”为指针，同时确定为了强硬地推行“南进”政策，“不辞对英美一战”。

8月9日，日本大本营制定了《帝国陆军作战纲要》，规定“对苏联严密警戒，对中国继续进行原定作战，在南方加强对英、美作战的准备”。9月6日，日本再次召开御前会议，决定“在外交谈判到10月上旬未达到我方要求的情况下，立即决心对美、英、荷开战”，并以10月下旬如期完成战争准备。

日本南进的战略决心是：在太平洋地区，乘美、英之不备，以突然行动击溃美、英在太平洋的海军，取得太平洋的制空权和制海权；迅速占领马来西亚、菲律宾和荷属东印度等地，歼灭美、英、荷的守军，夺取战略资源和市场，以供战争之用。

美、英在太平洋地区一直采取战略防御，而将主要力量集中于大西洋和欧洲地区。美国企图通过外交手段尽力制止日本的扩张。1940年11月，美国总统批准了美国陆海军参谋长的建议，即一旦美国同德国、意大利和日本交战，欧洲战区将是最重要的战区，而在太平洋地区则应采取防御战略。1941年5月，根据美、英参谋人员联席会议的决定，美国制定了在太平洋地区具体的战略计划（即“来因布－5”计划）。该计划规定：在太平洋地区，美国陆军负责保卫菲律宾和盟国其他领土，制止轴心国向西半球扩大侵略，并协助海军舰队保护海上交通线，保护本国沿岸和岛屿的安全。

珍珠港位于夏威夷群岛的瓦胡岛南部，是美国在太平洋最大的海军基地，战略地位十分重要，有“太平洋心脏”之称。港内水区面积约32平方千米，水深12～18米，可以同时停泊各种舰船约500艘。在太平洋战争爆发以前，美国海军太平洋舰队的大部分舰船皆在港内停泊。

日本一直把美国海军太平洋舰队看作是其“南进”的最大障碍。日本认为，为了大胆地“进”，首先必须消灭或瘫痪美国海军太平洋舰队。因此，日本经过充分的准备后，终于在1941年12月8日，使用海军机动部队（航空母舰编队）的舰载航空兵，对美国在太平洋的主要海军基地珍珠港实施了突然袭击。与此同时，日本向东南亚各国和西南太平洋各岛屿发动了进攻。太平洋战争爆发，第二次世界大战扩大为世界规模。

中弹后起火燃烧的美军战列舰

第二节　全面进攻

日本在 1941 年 12 月 8 日，同时在两个方向——珍珠港和东南亚发动了战略进攻。进攻东南亚，攫取菲律宾、马来亚、泰国、缅甸和荷属东印度这些美、英、荷的属地，是日本战争初期的主要战略目标。

当时，英国在欧洲战场自顾不暇，无力应付亚洲的局势。因此，仍奉行其一贯的借别人之手打仗的政策，想依靠美国的力量来保住其在东南亚的占领地。美国当时战略重点也放在欧洲，加之对太平洋战争的爆发判断错误，在东南亚地区，也无切实的防御措施。直到 1941 年 12 月 1 日，战争迫在眉睫，罗斯福才下令给美国海军远东舰队，对日本在中国南海及暹逻湾的行动“进行防卫性的谍报戎备”。其他国家，如荷兰等都是依附于英美的，其本身根本无抵抗日本进攻的能力。盟国在东南亚地区，既无统一的战略思想，更无统一的作战计划和对军队统一指挥的中心，也就谈不上对付日本进攻的切实可行的措施，完全处于被动挨打的状态。

1941 年 11 月 23 日，日军第 55 步兵团在小笠原群岛的母岛集中，12 月 4 日从母岛出发驶向关岛，途中并未遇到美军舰艇和飞机的阻扰，10 日零时至 1 时进入泊地换乘，9 时 30 分开始登陆。因为守岛美军毫无准备，所以日军登陆仅受到轻微抵抗，于 10 日 12 时前占领全岛，美国海军守岛部队全部投降。

12 月 10 日黎明开始，日军强行登陆美国海军太平洋舰队的前哨阵地威克岛，遭到守军猛烈抗击，日军被迫退至马绍尔群岛。12 月 22 日进行第二次登陆，经过激烈战斗，当日占领全岛。

1942 年 1 月 20 日，日军陆军南海支队和海军第 4 舰队进攻腊包尔。腊包尔位于新不列颠岛，是盟军在西太平洋的海军基地，是美军对抗日军的前哨据点，又是防卫澳大利亚的第一线阵地。由于盟军对日军登陆方向判断错误，以致日军日军乘虚而入，于 22 日 23 时 40 分至 23 日 1 时 5 分登陆，23 日午前占领腊包尔市及以东机场。澳军逐渐溃退，约 1000 人向日军投降。日军全部占领腊包尔。

从1941年12月至1942年5月是日本侵略的扩张时期，在几个月的时间内，控制了东南亚地区和西南太平洋，占领了关岛、威克岛、腊包尔、荷属东印度、泰国和缅甸南部一线，面积达386万平方千米，等于日本本土的10倍多，人口达1.5亿。面对着美英两个帝国主义的强国，日本只付出了1.5万多人，380架飞机、4艘驱逐舰的代价，全歼了上述地区的盟军，达到了战争初期的战略目的。

在占领了上述地区后，日军内部围绕着下一步在太平洋战场是进攻还是防御展开了激烈的争论。1942年4月18日，美国杜利特尔中校率领16架B－25远程轰炸机，出其不意地轰炸了日本的东京、名古屋、神户等城市。这次空袭对日本没有造成大的损失，但是给日本军方在精神上造成了很大的压力，并促使日本统帅部定下了第二阶段的作战决心。

1942年5月4日，日军从腊包尔出航，驶向莫尔兹比港。与此同时，已被日军占领的图拉吉岛遭到了美军舰载机的袭击，远在所罗门群岛以北的日军机动编队立即急速南下，于5月6日晨驶进珊瑚海。

5月7日拂晓，日军侦察机误报发现美国海军特混编队，日军遂出动舰载机78架攻击，但所攻击的只是美军大型油船“尼奥肖”号及为其护航的1艘驱逐舰。当日军舰载机对美军油船攻击时，美军出动90多架舰载机攻击了日军的登陆输送队。7日11时，美机集中全力攻击“祥凤”号，该舰多处中弹，于11时35分沉没。

5月8日8时24分，日军侦察机发现美军2艘航空母舰后，于11时20分出动舰载机69架对美舰进行攻击，结果，“列克星敦”号航空母舰受重伤，当日傍晚由美军自沉；“约克城”号中了1枚炸弹，遭到相当破坏，但未失去战斗力。

美国海军“约克城”号航空母舰

在日机飞向美军航空母舰进行攻击时，美军出动舰载机82架对日军机动编队进行了攻击，攻击从10时50分持续到12时20分，日军“翔鹤”号航空母舰中了3枚炸弹，损伤严重。17时左右，日军被迫停止战斗而撤退，并不定期地推迟对莫尔兹比港的进攻作战。

珊瑚海海战是美、日航空母舰在太平洋战场上的首次交锋，双方参战兵力相当，所受损失也不相上下。美军积极迎战取得的战果，有力地鼓舞了盟军胜利的信心；迫使日军放弃攻占莫尔兹比港的企图，日军的南进受到扼制。

1942年，日本大本营海军部发布了“第十八号命令”，命令联合舰队于6月上旬“与陆军协同，占领中途岛和阿留申群岛西部要地”。

6月3日上午，美军巡逻机在中途岛以西600海里处发现日军登陆输送队，立即向中途岛发出报告。中途岛随即派出9架B－17轰炸机，对日军登陆输送队进行轰炸，日军1艘巡洋舰和1艘运输船中弹起火，其余舰船只受到轻微损失，日军仍继续向中途岛航进。

6月4日凌晨，美军巡逻机在中途岛西北200海里处发现了日军航空母舰编队和100多架飞机正飞向中途岛。6时整，中途岛的美军发出了战斗警报，战斗机立即起飞拦截日机。从日军航空母舰起飞的108架飞机飞抵中途岛上空时，美军战斗机立即迎击，双方从6时45分到7时10分，展开了一场激烈的空战。美军的24架战斗机损失了15架，严重受伤7架；日军仅被击落6架飞机。在双方空战期间，日军轰炸机对中途岛进行了轰炸，因机场上没有飞机，日机就轰炸了机库、油库、跑道等设施，但所造成的损失并不很严重。

中途岛海战中的美军战机

9时20分，美军15架鱼雷机对"赤城"号进行了攻击，但受日军战斗机的拦截没有成功。9时30分，美军26架鱼雷机又对"飞龙"号进行了攻击，发射了鱼雷。但没有命中。这两批美机大部分被日军战斗机和高射炮击落，仅有6架返航。

在美军鱼雷机对日军航空母舰进行攻击的过程中，日军一直在准备对美军航空母舰进行反击，10时24分，日机开始起飞。正当此时，美军37架俯冲轰炸机突然从云层中出现，向"赤城"号和"加贺"号俯冲轰炸。"赤城"号被直接命中2枚炸弹，引起了汽油的燃烧和炸弹鱼雷的爆炸，很快丧失了作战能力，舰上人员死亡263人。“加贺”号被命中4枚炸弹，舰长被炸死，全舰死亡800人，19时25分沉没。

日本航母舰队旗舰“赤城”号被击中，大火引发了弹药的大爆炸

当美军对“赤城”号、“加贺”号攻击时，美军另有17架俯冲轰炸机对“苍龙”号进行了攻击，命中3枚炸弹。19时13分，“苍龙”号沉没，舰长以下718人死亡。

12时，在“约克城”号以北20海里处，美军的护航巡逻机截击了从“飞龙”号飞来的18架俯冲轰炸机和6架战斗机，有6架日军轰炸机突破了美机的拦截，向“约克城”号投弹攻击，命中3枚炸弹。“约克城”号经过抢修，至13时35分，飞行甲板的破口已经修好。但到14时26分，从“飞龙”号起飞的第二攻击波10架鱼雷机和6架战斗机，再次对“约克城”号进行了攻击。有5架鱼雷机投放了鱼雷，“约克城”号被命中2枚鱼雷后，失去了机动能力，15分钟后，舰长下令弃舰（该舰于6月6日被日军潜艇击沉）。

17时，美军飞机对“飞龙”号进行了攻击，直接命中4枚炸弹，21

23分，"飞龙"号完全失去了机动能力，5日凌晨由日军用鱼雷自沉。全舰死亡418人。

6月5日2时55分，山本对参加中途岛作战的日军下达总退却令，宣告了日军在中途岛海战中的最后失败。太平洋战场的主动权开始转移到美军手中。

1942年5月3日，日军占领所罗门群岛南部的图拉吉岛，随后派两个工兵队在其附近的岛屿瓜岛修建机场。7月4日，美国海军陆战队第1师的2万人分乘23艘运输船由斐济等地出航，于8月7日1时到达爪岛西北约10海里处。到8日下午，爪岛上的机场、仓库、通信和发电所等重要设施，以及整个图拉吉岛均被美军占领。

1942年8月7日，美海军陆战队员争先恐后登上瓜岛海滩

8月10日，日本派一木支队2400人前往增援瓜岛。先头部队于18日夜悄悄登上瓜岛。20日夜袭机场（美军称为亨德森机场）失利，21日遭

到美军反击，日军大部被歼。8月下旬，日军又派川口支队前来增援。多次组织登陆输送队航渡，均未成功。为了避开美军的空袭，日军利用夜暗进行偷渡，分批向瓜岛运送军队。川口支队等部陆续至瓜岛，于9月12日深夜发起总攻，激战两天，日军伤亡甚大，被迫后撤。10月中旬，日军先后两次向瓜岛发起总攻，但仍以失败告终。由于武器弹药口粮和不足，日军经过调整部署和充分准备，自1943年2月1日至7日，分三批把1.2万余人撤离瓜岛。

瓜岛战役是日军和美军在太平洋上进行的一次战略性战役。美军在瓜岛作战的地面部队约60000人，死1600人，伤4200人；日军派往该岛的地面部队达35000人，损失2100余人，被俘约1000人。各种规模的海上战斗近30次，双方各损失驱逐舰级以上的军舰24艘，瓜岛战役使两军的态势大变，美军从战略防御转为战略反攻，而日军不得不从战略进攻转为战略防御。

第三节　太阳旗的降落

1943年春美军占领瓜岛后，略做休整，便沿所罗门群岛北上，5月11日至13日，美国收复阿留申群岛西部的阿图岛，8月15日，收复基斯卡岛。

1943年6月30日，美军在蒙达机场附近的伦多瓦岛登陆。8月5日，在陆炮火力支援下攻入蒙达机场。8 月 15 日，越过科隆班加拉岛，又在韦拉拉韦拉岛登陆。至10 月初，占领了中所罗门群岛的美军，便可使用岸基航空兵控制布干维尔等岛。

11 月 1 日，美军绕过布干维尔岛南部，进至防御软弱的奥古斯塔皇后湾登陆。到11 月底，已把岛上日军围困在20 余平方千米的狭小地区。12 月末，美军已修好机场，并开始使用。于是，腊包尔连日遭到空袭，日海军部队的主力不得不撤至特鲁克。

6 月 30 日，在南太平洋部队向中所罗门群岛进攻的同时，西南太平洋部队在麦克阿瑟指挥下也在所罗门海的特罗布里恩德群岛、伍德拉克岛和纳索湾登陆。尔后绕过萨拉莫阿，9 月 4 日在莱城以东地区登陆，10 月 2 日攻占芬什哈芬，12 月 26 日又在新不列颠岛北岸的塔拉塞亚登陆，并向腊包尔方向挺进。到1944 年1 月，南太平洋部队和西南太平洋部队已完成了对腊包尔要塞的合围。

2 月下旬，西南太平样部队又在阿德米勒尔提群岛登陆；3 月下旬，南太平洋部队占领了埃米劳岛。这时，南太平洋的广大地区已处于战争的后方，逐渐转入防守。哈尔西所属的陆军部队和若干舰艇部队调归麦克阿瑟指挥；其海军的大部分兵力（含海军陆战队），仍归尼米兹统辖，以加强中太平洋的攻势。麦克阿瑟统辖的西南太平洋部队，则沿新几内亚岛北岸西进，准备进攻菲律宾。

美军在所罗门群岛和新几内亚方面的胜利，既突破了日军在俾斯麦群岛布设的防线，也削弱了它的联合舰队；不仅力西南太平洋部队进兵菲律宾扫除了障碍，而且也为中太平洋部队大举反攻创造了条件。

自 1943 年 11 月起，中太平洋部队沿吉尔伯特群岛、马绍尔群岛和马里亚纳群岛大举反攻。11 月 20 日晨，美军动用 200 余艘舰艇，护送登陆部队 3.5 万余人在马金岛和塔拉瓦岛同时登陆，至 23 日和 29 日先后占领这两个岛屿，控制了吉尔伯特群岛。1944 年 1 月 31 日，美军开始登陆夸贾林岛，至 2 月 4 日已完全占领。接着，肃清了附近 30 多个大小岛屿上的日军，控制了整个马绍尔群岛。

吉尔伯特岛战役中的日本航空母舰

6 月 9 日，美军从埃尼威托克岛出发，经过持续数日的航空和舰炮火力准备后，15 日晨在塞班岛登陆。8 月 1 日，占领了提尼安岛。

7 月 21 日晨，美军开始登陆关岛，至 8 月 12 日岛上战斗基本结束。截至 1944 年 7 月下旬，美军西南太平洋战区的兵力攻占了新几内亚岛北部海岸及其近岸海区的几个岛屿。美军中太平洋战区的兵力攻占了马里亚纳群岛。

美军攻占马里亚纳群岛后，太平洋战场的形势发生了巨大变化。自小笠原群岛经马里亚纳群岛至班达海的日军第二道防线被打开了一个突破口，加上日本海军在马里亚纳海战失败，联合舰队的主力损失贻尽。因此，日军在太平洋的战略态势已处于极端不利的地位。

1944年9月6日至8日，美军第38特混编队出动舰载机约400架分别袭击巴伯尔士阿普岛、佩勒刘岛、安高尔岛和雅浦岛。9月15日，美国海军陆战第1师在佩勒刘岛登陆。同日，美军西南太平洋战区的兵力也在摩罗泰岛登陆。9月17日，美军第81步兵师在安高尔岛登陆。9月23日，占领乌利西岛。

美军在佩勒刘、安高尔和摩罗泰三岛登陆后，已形成对菲律宾群岛发起登陆作战的有利态势。9月21、22日，美军舰载航空兵袭击吕宋岛马尼拉及附近机场。21日出动舰载机400架次，击毁地面日机20余架，击沉舰艇16艘（约10万吨）。

10月9日，美国海军舰艇编队出动舰载机400架次袭击冲绳岛以东的冲大东岛。10月10日，美军第38特混编队出动舰载机400架次袭击冲绳岛、奄美大岛、冲大东岛和宫古岛。11日，第38特混编队南下，袭击吕宋岛北端阿帕里地区，袭击后又返回台湾近海，12日出动舰载机约600架次袭击台湾南部和马公，部分兵力袭击台湾北部。驻高雄和马公的舰船和港湾设备遭到严重损失。

日军从冲绳岛出动50架飞机从鹿屋基地出动56架飞机攻击第38特混编队。13日美军第38特混编队出动飞机600架次袭击台湾，日机30余架对编队进行攻击。15日美机约80架袭击马尼拉。

1944年7月17日上午8时25分，美军在莱特湾外的迪纳加特岛和苏禄安岛登陆。10月20日，美军第6集团军的四个步兵师作为登陆第一梯队的兵力在莱特岛登陆。

10月20日，日本南方军命令第4航空军，应协同海军主力出击，全力歼灭美军登陆输送队。同时，向莱特岛增派地面兵力，以歼灭登陆的美军。经过两个月的作战，日军最后以损失大量兵力兵器而失败。

由于日本海军在莱特湾海战失败，美军完全掌握了莱特岛地区的制空权和制海权莱特岛决战失败，遂使日本南方军开始陷入孤立的困境。

1944年12月13日，美军登陆输送队通过苏里高海峡驶向民都洛岛。15日在民都洛岛南端的圣何塞海岸登陆，美军岸基航空兵自1944年12月下旬开始袭击吕宋岛各地，重点袭击马尼拉地区和克拉克机场。第38特混编队自1945年1月3日起对台湾实施了系统的袭击，目的是削弱和切断日军抗登陆作战和支援吕宋岛的能力。1月9日上午7时20分，作为美军第6集团军登陆第一梯队的4个步兵师在仁牙因湾登陆。美军登陆后，兵分两路，主力攻吕宋岛北部，另1路两个步兵师向马尼拉方向发起进攻。2月底美军占领马尼拉。尔后，在吕宋岛转入持久作战。

2月19日，美军陆战第4师和陆战第5师在硫磺岛登陆（陆战第3师为后续梯队）。20日美军占领1号机场，切断岛南北部的联系。21日陆战第3师上陆。在此期间，自日本本上出动的第6航空军的飞机袭击了美军登陆地区，击沉舰船数艘。日本海军第3航空舰队的飞机也进行了袭击，击沉美军航空母舰1艘。23日美军占领2号机场。尔后，美军在舰炮和航空火力支援下继续进攻。硫磺岛作战到3月17日基本结束。美军占领硫磺岛后，即在日军内防御圈的南部打开了直接向日本本土发起最后进攻的通道。

1945年3月26日，美军第52特混编队的支援护航航空母舰大队到达冲绳岛海区。冲绳岛南接先岛群岛，北邻奄美群岛，并与硫磺岛遥遥相

美军在硫磺岛发起抢滩登陆战

对。自日本九洲南部起，沿奄美群岛、硫球群岛至台湾构成一个新月形岛链，它掩护着日本在东海的海上交通线，并对日本本土南部形成了可靠的屏障。冲绳岛位于岛链中部，有日本“国门”之称。3月29日开始，护航航空母舰的舰载机封锁读谷和嘉手纳机场。3月30、31日第58特混编队又袭击冲绳岛。4月1日，美军第10集团军以陆战第6师、陆战第1师和陆军第7步兵师和第96步兵师，作为登陆第一梯队的兵力在白砂海滩登陆。

4月6日至6月22日，日本海军航空兵发动了10次菊水作战，共出动飞机约3742架次（内含特攻机1506架），同时还频繁地实施小规模的攻击。在日军发动菊水作战期间，美军第20航空队出动舰载机约1650架次，两次袭击九州南部日军基地。丰田副武决心以残存的海军主力第2舰队（战列舰“大和”号、巡洋舰“矢矧”号和驱逐舰8艘）组成海上特攻舰队，突击冲绳岛停泊场的美军舰船。4月6日舰队在伊藤整一海军中将率领下从内海出航，经丰后水道南下时被美军潜艇发现。4月7日晨经大隅海峡西行，又被美军侦察机发现。美军第58特混编队约出动300架飞机，于7日12时32分和14时对该舰队实施两次攻击。14时23分，战列舰“大和”号中10条鱼雷和5枚炸弹后，沉没在九州西南约50海里处，被击沉的还有巡洋舰“矢矧”号和驱逐舰4艘。6月22日，日军第32军司令官牛岛满和参谋长勇中将自杀。7月2日，美军宣布冲绳岛作战结束。

冲绳岛战役

美军攻占冲绳岛后，开始使用陆海军航空兵对日本本土实施大规模轰炸和布雷封锁，并在广岛和长崎投下了原子弹。与此同时，苏军进攻日本关东军。1945年8月15日，日本被迫向盟国投降，9月2日签署了投降书，太平洋战争宣告结束。